dLv

Martin Vedder

Afrika war nur der Anfang

**Erlebnisse
eines ganz gewöhnlichen Menschen
mit einem außergewöhnlichen Gott**

clv

Christliche
Literatur-Verbreitung e. V.
Postfach 11 01 35 · 33661 Bielefeld

1. Auflage 2008
2. Auflage 2009

© CLV · Christliche Literatur-Verbreitung
Postfach 11 01 35 · 33661 Bielefeld
CLV im Internet: www.clv.de

Satz: CLV
Umschlag: OTTENDESIGN.de, Gummersbach
Druck und Bindung: AALEXX Buchproduktion GmbH, Großburgwedel

ISBN 978-3-86699-208-5

Inhalt

Einleitung

*»Als sie aber angekommen waren, erzählten sie alles, was Gott **mit ih-nen** getan, und wie **Er** den Nationen eine Tür des Glaubens aufgetan hatte ... «* (Apg 14,27)

Das ist auch die Absicht dieses kleinen Buches. Ich möchte nicht erzählen, was ich für den Herrn getan habe, sondern was Er mit mir getan, und wie Er uns die Türen zu den Heiden geöffnet hat. Die einzelnen Berichte sollen verdeutlichen, was Er aus fünf Broten und zwei Fischen entstehen lassen kann, wenn wir Ihn nur wirken lassen und uns Seiner Führung anvertrauen.

Sie möchten dem Leser Mut und Zuversicht schenken, es in gleicher Weise zu wagen und nicht auf die eigenen Unzuläng-lichkeiten zu schauen und sich dadurch entmutigen zu lassen. *»Elia war ein Mensch von gleichen Gemütsbewegungen wie wir«*, heißt es im Jakobusbrief, und doch hat Gott Großes durch ihn bewirkt, weil er Gott auch Großes zutraute!

Gelten Seine Verheißungen nicht auch uns? Wir dürfen nicht vergessen, dass Gott gerade das, was nichts ist und gering in den Augen dieser Welt, auserwählt hat, um durch die Schwachen und Armen im Geiste Seine Größe und Erhabenheit in besonderer Weise hervorleuchten zu lassen! Wenn es auch heute noch gilt, dass Er dem Demütigen Gnade schenkt, dann dürfen wir auch heute noch alles von Ihm und brauchen nichts von uns erwarten. In diesem Sinne bitte ich den Herrn der Ernte, dass er jeden Leser dieser Zeilen näher zu sich zieht und er nicht eine große Meinung von dem Schreiber bekommt, sondern von dessen Gott, der sich auch heute noch zu den Niedrigen hält!

»Tod dem Ungläubigen! Tod dem Ungläubigen!«

Der Taxifahrer, der mich wieder zum Schiff zurückbringen soll, erkundigt sich, ob ich denn schon in der großen Moschee gewesen sei. *»Nein – ist das denn möglich für einen Christen?« »Ja, sicher, ich werde Sie begleiten und Ihnen alles zeigen.«*

Man merkt ihm an, dass er mächtig stolz auf dieses Bauwerk ist, das zu den größten Moscheen der Welt zählt. Am Ende des Rundgangs frage ich ihn: *»Ich sehe überall Hinweise auf Allah, aber nichts von seinem Sohn!?«* – Der Mann wird verlegen und entschuldigt sich. *»Leider kenne ich mich nicht so aus im Koran, aber kommen Sie mit mir. Vorne am Eingang sitzen die richtigen Leute (Mullahs), die Ihnen alles erklären können.«*

Er führt mich zu einer größeren Gruppe von Moslems, die in der Nähe des großen Eingangsportals auf dem Boden hocken. Ich setze mich zu ihnen und stelle ihnen dieselbe Frage. Eine rege Diskussion beginnt. Sie scheinen nicht uninteressiert am christlichen Glauben zu sein. Jedesmal, wenn sie keine Antwort mehr wissen, steht jemand auf und holt weitere Personen in unseren Kreis, der mit der Zeit beachtliche Ausmaße annimmt. Die Bibel hat noch keiner von ihnen gelesen. *»Aber wie könnt ihr denn so sicher sein, dass der Koran das einzige von Gott gegebene Buch ist, wenn ihr noch nie die Bibel gelesen habt, die ja genau das Gleiche behauptet? Erst im Vergleich kann man doch feststellen, was das Bessere ist?!«*, fordere ich sie heraus. Das scheint dem Einen oder anderen einzuleuchten, vor allem, als sie feststellen, dass ich in der Lage bin, entscheidende Aussagen des Korans wiederzugeben und auf den Widerspruch derselben mit entsprechenden biblischen Aussagen hinzuweisen.

Doch nicht allen gefällt der christliche Prediger in der großen Moschee. Nach etwa einer Stunde höre ich von draußen Schreie, die immer lauter werden: *»Tod dem Ungläubigen! Tod dem Ungläubigen!«* – Mir wird etwas mulmig zu Mute. Sollte mein erster Tag in Afrika auch gleichzeitig mein letzter werden?

Schnell ziehe ich mir die Sandalen an und gehe nach draußen. Doch was erblicke ich? Der Riesenhof ist mit Tausenden von Menschen übersät, die mit geballten Fäusten und drohender Miene immer wieder brüllen: »*Tod dem Ungläubigen! Tod dem Ungläubigen!*«

Wohin ich auch sehe: Eine schwarze Mauer von Menschen ist vor mir, nirgends ein Durchkommen und Hilfe nicht in Sicht. Ein Stoßgebet zum Himmel. »*Herr, was soll ich tun?*« Und schon kommt mir ein Gedanke: Wie war es denn damals in Nazareth, als sie den Herrn zur Stadt hinausführten und vom Felsen hinabstoßen wollten? Heißt es da nicht im Evangelium, dass Er durch ihre Mitte hindurch unbehelligt wegging? »*Herr, so will ich es auch machen und auf deine Hilfe rechnen!*«

Entschlossen gehe ich vorwärts. Und was geschieht? Die Menschenmauer teilt sich, sie steht rechts und links wie die Wasser am Roten Meer, und ich gehe mitten durch sie hindurch. Das Drohen, Brüllen und Toben geht weiter, aber niemand tastet mich an! Nach etwa hundert Metern bin ich im Freien und gerettet.

»*Was für ein großer Gott bist Du, o Herr. Wer kann Dir widerstehen?!*« *(Röm 8,31)*

Wie hat alles angefangen?

Durch Gottes Gnade durfte ich in einem christlichen Elternhaus aufwachsen. Ich erinnere mich noch, wie ich als Drei- und Vierjähriger schon in der Versammlung saß, auf einem kleinen Fußschemel zu Füßen der Erwachsenen, und dem Wort Gottes lauschte. Die Bibel hatte in unserer Familie allerhöchste Autorität, auch wenn der Vater nicht dieselbe Versammlung besuchte wie unsere Mutter. Zu meiner Bekehrung in frühester Jugend erzählte meine Mutter Folgendes: »*Als deine älteren Schwestern sich bei einer Zeltevangelisation bekehrten, kamst du eines Tages zu mir und fragtest: Wie macht man das denn eigentlich, sich bekehren? Darauf erklärte ich dir alles genau, und am nächsten Tag kamst du dann freudestrahlend aus deinem Zimmer mit den Worten: Ich bin jetzt auch bekehrt!*«

Soweit meine Mutter. Was mich in späteren Jahren allerdings noch länger beschäftigte war die Frage, ob ich diesem Bericht meiner Mutter wirklich vertrauen durfte, da ich mich selber überhaupt nicht mehr an diese Begebenheit erinnern konnte. Da half mir schließlich eine Geschichte, die ich auf einer Kinderschallplatte hörte: *»Eines Tages kam ein halbwüchsiger Waisenknabe zu Papa Daprozzo, der nach dem Krieg ein Waisenhaus in Oberitalien gegründet hatte, mit der eigentümlichen Frage: »Papa Daprozzo, bin ich eigentlich geboren?« – »Junge, wie kannst du denn nur so etwas Dummes fragen? Bin ich eigentlich geboren? Was soll das denn heißen?« – »Ja, kennst du denn meinen Geburtstag?« – »Nein, den kenne ich allerdings nicht.« – »Ja, dann bin ich eben auch nicht geboren!« – »Junge, hör mal gut zu. Es ist jetzt ungefähr zwölf Jahre her, dass wir ein ganz kläglisches Wimmern vor unserer Tür hörten, und als wir sie öffneten, da lagst du dort in Windeln eingewickelt, einfach so vor unserer Türe abgelegt. Wir haben dich aufgenommen und großgezogen, und du bist einer von uns geworden. Ich weiß zwar immer noch nicht genau, wann dein Geburtstag ist, **aber die Tatsache, dass du lebst, ist der beste Beweis, dass du auch geboren wurdest!«***

Diese Geschichte hat mir – und sicher auch manchem anderen – geholfen, zur Heilsgewissheit zu kommen. Gott hat manche Wege, um zu uns zu gelangen. Entscheidend ist, dass wir Ihm allein vertrauen und Sein Heilsangebot nicht von uns weisen. Wie wir zur Erkenntnis Seines Sohnes gelangen, das mag von Fall zu Fall sehr unterschiedlich sein. Doch am Ende muss klar sein: *»Es gibt keinen anderen Namen, in welchem wir gerettet werden müssen, als nur den Namen Jesus«* (Apg 4,12). Ihn gilt es persönlich anzunehmen und Seinen Namen zu bekennen (Joh 1,12; Röm 10,9-13), um dann auch mit Paulus sprechen zu können: *»Ich lebe jetzt im Glauben an den Sohn Gottes, der mich geliebt und sich selbst für mich hingegeben hat.«* (Gal 2,20)[1]

---

1   Weitere Ausführungen im Anhang: *Heilsgewissheit – Einbildung oder Wirklichkeit?*

Beinahe ertrunken

Es war an einem heißen Sommertag des Jahres 1952 auf der Nordseeinsel Borkum. Ich bin zum ersten Mal in meinem Leben am Meer und tummle mich nun bei steigender Flut in den Wellen. Mit meinen knapp zehn Jahren komme ich mir wohl schon recht erwachsen und selbstständig vor und halte es nicht für nötig, mich in der Nähe meiner älteren Schwestern aufzuhalten. Die Flut steigt allmählich höher, und es wird Zeit, den Rückweg anzutreten. Doch was ist das? Es geht ja plötzlich bergab? Plötzlich steigt das Wasser bis über meinen Kopf. Ach ja, da war doch diese breite Rinne – wurde sie nicht auch Priel genannt? – die ich auf meinem Gang ins Wasser vor etwa zwei Stunden durchschritten hatte. Da war sie noch fast leer gewesen! Aber jetzt ist sie bis oben voll, und wie soll ich da durchkommen? Ach, hätte ich mir doch mehr Mühe gegeben und Schwimmen gelernt wie fast alle meine Altersgenossen! Dazu ist es nun zu spät! Was soll ich nur machen? Sobald ich vorwärts gehe, schlagen mir die Wellen über dem Kopf zusammen. Schnell trete ich den Rückzug an. Ich versuche es noch einmal. Wieder nichts! Und ein drittes Mal. Auch dieses Mal kein Durchkommen. Das Wasser ist einfach zu hoch und ich weiß mir nicht mehr zu helfen. Ein Stoßgebet geht zum Himmel. »*Herr Jesus, hilf! Ich ertrinke!*« – Plötzlich fühle ich, wie mich zwei starke Arme hochheben und sicher durch die Brandung ans Ufer bringen. Kaum kann ich mich bedanken, so schnell ist der Helfer verschwunden. »*Danke, lieber Heiland!*« Ja, wo die Not am größten, da ist der Helfer am nächsten! Die ›Telefonnummer Gottes‹[2], wie sie auch genannt wird, werde ich noch manches Mal in meinem späteren Leben ›wählen‹, und dann auch die Erfahrung unzähliger Gläubiger vor mir machen, dass unser Herr seine Versprechen hält und die nicht zuschanden werden lässt, die Ihm allein vertrauen!

Vier Jahre später bin ich noch einmal auf Borkum. In der Zwischenzeit habe ich auf etwas unfreiwillige Weise Schwimmen gelernt – ich fiel in einen Fluss, und dann ging es plötz-

---

2   Rufe mich an in der Not, so will ich dich erretten, und du sollst mich verherrlichen.« (Psalm 50,15)

lich – und nun kann ich natürlich viel weiter hinaus als meine so ängstlichen Schwestern, die sich in Strandnähe aufhalten. Sollte ich nicht lieber bei ihnen bleiben? Haben wir nicht gerade erfahren, dass an diesem Strandabschnitt vor nicht allzu langer Zeit eine ganze Gruppe Kinder ins Meer hineingezogen wurde und ertrank? Ach was, das hat doch jetzt keine Bedeutung! Nirgendwo sieht man Strudel oder etwas, das auf eine gefährliche Strömung hindeuten würde. Also hinein in die Fluten und hinaus aufs Meer! Ich schwimme zügig drauflos und entferne mich immer mehr vom Ufer. – Doch was ist das? Ein unsichtbarer Sog hat mich erfasst und zieht mich immer weiter hinaus. Verzweifelt versuche ich, dagegen anzuschwimmen. Doch vergebens. Immer weiter entferne ich mich vom Ufer. Meine Schwestern sind in den Dünen verschwunden und merken nichts von meiner Not. Weit und breit niemand zu sehen. Hätte ich doch besser auf die Warnungen gehört! Was tun? Darf ich denn jetzt noch zu meinem Heiland rufen, wo ich doch selber schuld an meiner Lage bin?! – Aber hat Er nicht auch gesagt: *»Rufe mich an in der Not!« (s.o.)*? Ein Stoßgebet nach dem andern geht zum Himmel. Wird Er wohl hören? – Da wird der Sog schwächer, die Beine lassen sich wieder besser bewegen. Ich bin aus der Strömung heraus. Ja, unser Gott ist ein Gott, der Gebete erhört.

In der Felswand

Einige Zeit später im ›neuen‹ Steinbruch bei Rebbelroth im Oberbergischen. Ich bin mit meinem Vetter Eckhard Bubenzer auf Klettertour. Ein Raubvogel hat sein Nest in einer kleinen Höhle im oberen Teil der Felswand angelegt. Das wollen wir uns einmal aus der Nähe betrachten. Es hat geregnet, die Wand ist noch glitschig. Aber was macht das schon?! Wie oft sind wir schon hindurch geklettert … Und so geht es vorsichtig aufwärts. Die halbe Wand ist bereits geschafft, da passiert es. Ich greife nach einer Wurzel, die sich in der Wand verkrallt hat und will mich daran hochziehen. Doch gerade als meine Füße nach einem neuen Halt suchen, löst sie sich aus der Verankerung. Ich rutsche ab, und einen Augenblick scheint es, dass der Sturz in die Tiefe nicht mehr aufzuhalten ist! – Doch mein Vetter hat aufgepasst. Er steht direkt unter mir und sieht das Unglück kommen. Blitzschnell greift er nach oben und kann mich so lange festhalten, bis ich einen neuen Halt gefunden habe. Wie gnädig ist doch der Herr!

Später hat mir mein Vetter noch einen wesentlich wichtigeren Dienst erwiesen: er weckte in mir das Interesse an der Außenmission und lenkte dadurch mein Denken in eine ganz neue Richtung. Dafür bin ich ihm auch heute noch von Herzen dankbar.

Jugendjahre

Im Jahr 1957 ging es zum ersten Mal in die Schweizer Jugendfreizeiten von Monsieur André. Diese Freizeiten sollten in der Zukunft einen maßgeblichen Einfluss auf meinen weiteren Werdegang ausüben. Sechsmal durfte ich dort – zunächst im Wallis und später im Schweizer Jura – in fröhlicher Gemeinschaft mit gleichgesinnten jungen Brüdern jeweils zwei Wochen in den Sommerferien verbringen und unter der Anleitung erfahrener älterer Brüder die Bibel studieren, verbunden mit manchem weisen Rat für das praktische Leben.

Vor allem diese erste Fahrt hinterließ bei mir einen unauslöschlichen Eindruck. Ich hatte bis dahin mein Glaubensleben eigentlich mehr als meine Privatsache angesehen – wenn auch ab und zu ›angereichert‹ durch ein persönliches Zeugnis im näheren Bekanntenkreis oder auch in der Schule. Jetzt aber lernte ich zum ersten Mal in der Öffentlichkeit beten! Wir beteten auch gemeinsam für Teilnehmer, die noch keine lebendige Beziehung zu Jesus Christus hatten – und welche Freude war es dann dabei zu sein, wenn der eine oder andere zum Durchbruch kam und eine klare Entscheidung für Jesus traf! Was für eine gesegnete Zeit!

Wenn ich dann wieder nach Hause kam, musste meine Mutter mich erst einmal wieder ›auf den Teppich herunterholen‹, wie sie es ausdrückte, und es tat manchmal richtig weh, sich auf dem harten Boden der Realität wiederzufinden …

Doch wie gut, dass es die Nachtreffen in Hagen-Haspe gab, bei ›Onkel Hans‹, wo sich dann nicht nur die männliche Jugend von Zeit zu Zeit einfand und in den gemeinsamen Erinnerungen schwelgte! Nicht selten wurde aus der flüchtigen Begegnung dort eine festere Freundschaft, und etliche von uns sind mittlerweile nicht mehr allzu weit von der Goldhochzeit entfernt …

Diese ›Schweizer Läger‹ waren für uns junge Leute – es gab solche für junge Männer und getrennt davon andere für junge Mädchen – auch deshalb von so großer Bedeutung, weil Jugendarbeit in den meisten Versammlungen (so wurden unsere Gemeinden genannt) verpönt war. Alt und Jung gehörten zusammen; alles andere wurde für unnötigen Ballast gehalten. Selbst eine Sonntagschule war nicht überall vorhanden. In Köln, wo wir seit 1950 wohnten, war es mein Vorrecht, eine solche im Jahre 1961 zu gründen, nachdem ich zunächst meine beiden jüngeren Schwestern in einer ›Mini-Sonntagschule‹ in unserem Wohnzimmer unterrichtet hatte. Ich selber habe also von meinem achten Lebensjahr an keine Sonntagschule besucht. Und Jugendstunden gab es auch dann noch nicht. Zum Jahresabschluss fuhren wir aber nach Schmachtendorf in Oberhausen, wo die gemischte Jugend von nah und fern sich traf, um unter der Aufsicht eines älteren Bruders die Jahreswende gemeinsam mit Gebet und Gottes Wort zu begehen.

Doch wenn es auch keine geregelte Jugendarbeit gab, lag den Alten trotzdem viel daran, die jungen Leute für den Herrn zu erziehen und für die ›Versammlung‹ zu erwärmen. So trafen wir uns nach der Versammlungsstunde oft in den Häusern der Geschwister, und bis spät am Abend wurde miteinander gesungen, gescherzt, gelacht – oder auch ernsthaft über dieses oder jenes (biblische) Problem diskutiert und gerungen. An den Feiertagen ging es auf die verschiedenen Konferenzen, oder aber die Jugend – diesmal auch ›gemischt‹ – machte einen Ausflug in die nähere Umgebung. Nicht selten wurde unterwegs in dem einen oder anderen Ort Halt gemacht, um bei fröhlichem Gesang an die Umstehenden Traktate zu verteilen , während ein oder zwei Brüder ein kurzes Zeugnis gaben.

All diese Treffen – ob zu Hause in Köln oder auch bei Freun-

den in den Versammlungen ringsum – waren wenig oder garnicht vorbereitet. Offizielle Leiter gab es nicht. Spontane Ab-
sprachen waren an der Tagesordnung. Man half sich gegenseitig, wo Not am Mann war, ohne dass dies alles in große Organi-
sationen eingebunden gewesen wäre. So wurde z.B. eine Kinderarbeit in Solingen aufgebaut, die einige Jahre in großem Segen
unter milieugeschädigten Kindern getan wurde.

In diese Zeit fielen auch einige besondere Erlebnisse, die einen weitreichenden Einfluss auf meinen weiteren Weg nehmen
sollten.

Frühsommer 1962: Jugendevangelisation in der überfüllten
Antoniterkirche in Köln. Nach Beendigung des Referats ›Aus-
sprache‹. Es geht hoch her; bei den wenigen Christen herrscht
SOS-Stimmung. Die Ungläubigen führen das große Wort. Mir
wird's allmählich heiß unter der Jacke. Soll ich hier aufstehen –
unter all den Fremden – und meinen Herrn bezeugen, ich, der
ich noch nie öffentlich gesprochen habe und außerdem an einem
Sprachfehler leide? Hat unser Professor für Sprecherziehung
mich nicht noch vor wenigen Wochen vor der versammelten
Studentenschar blamiert mit den Worten: »*Sie, Vedder, Sie wollen
Lehrer werden? Wenn Sie vor eine Klasse treten, da lachen sich doch
die Kinder kaputt!*« Wahrhaftig eine bemerkenswerte Motivation
für das Lehramtsstudium!

Ich bete – warte – bete – schwanke hin und her – bete wieder.
Plötzlich ist meine Hand oben – und als ich inmitten der Menge
aufstehe und zu sprechen anfange, kommt eine Ruhe und Zuversicht über mich, die ich es nie für möglich gehalten hätte. Jesus
Christus ist bei mir. Er lenkt die Worte, schenkt Überzeugungs-
kraft, bannt die Gegner und schafft eine Stille, dass man die berühmte Stecknadel hätte fallen hören können. Und – kaum kann
ich es glauben – der Sprachfehler ist verschwunden (und ist bis
heute nicht wiedergekehrt!). – Als ich mich setze, schaue ich auf
die Uhr. 15 Minuten sind vorbei! Unglaublich, wie schnell die
Zeit vergangen ist!

Will der Herr mir heute zeigen, dass Er mich trotz meines
Sprachfehlers und meiner Menschenscheu in Seinem Dienst ge-

brauchen kann und will? (Und natürlich habe ich noch Zweifel, ob mein Sprachfehler wohl auf Dauer beseitigt ist ...)

Sommer 64: Ich sitze vor meiner aufgeschlagenen Bibel und lese: *»Ich gebe hierin eine Meinung ab; denn das ist euch nützlich, die ihr nicht allein das Tun, sondern auch das Wollen vorher angefangen habt – seit vorigem Jahr. Nun aber vollendet auch das Tun, damit, wie die Bereitwilligkeit des Wollens, so auch das Vollbringen da ist nach dem, was ihr habt.«* (2Kor 8,10.11)

Sollte das Gottes Antwort sein auf meine Bitte, mir bis heute, Freitag, klar zu zeigen, ob ich vollzeitig in Seinen Dienst treten soll oder nicht? Nie zuvor ist mir dieser Text aufgefallen; er ist auch in meiner Bibel weder unterstrichen noch anders markiert. Und doch bleibt mein Auge wie gebannt an ihm hängen, als ich nach zwei Wochen intensiven Fragens und Suchens nach dem Willen Gottes in meinem Leben meine Bibel öffne. »Seit vorigem Jahr« – ja, auch bei mir ist das Wollen vorhanden, aber beim Vollbringen hapert es. Gott will mich ganz, und Er erwartet jetzt meinen ganzen Einsatz. – *»Herr, lass mich Dir vertrauen, dass Du mit dem Auftrag auch die Gabe schenkst, um ihn in Deiner Kraft auszuführen!«*

Einige Wochen später erhalte ich eine Nachricht aus der Schweiz. Ein Geschäftsmann und Bruder in Christus erteilt mir eine bittere Lektion. Gott dienen? Ja! – aber nicht, indem ich meine Lehrerausbildung abbreche!

Das muss ich erst einmal verdauen! Doch bei längerem Überdenken wird mir klar: Auch mein Studium ist von Gott eingeplant und erfüllt seinen bestimmten Zweck. Jetzt ist hier mein Arbeitsfeld. Was später kommt, überlasse ich Ihm. Jesus weist immer nur den nächsten Schritt. An mir ist es, Ihm zu gehorchen und offen für Seine weitere Führung zu sein.

Drei Zeichen, vom Herrn erbeten

Irgendwann im Jahr 1964 habe ich meinen Herrn gebeten, mir diese drei Bitten zu erfüllen, wenn Er mich in der Außenmission gebrauchen will:

- Der Wunsch, Ihm in Übersee zu dienen, möge zu einem brennenden Verlangen und unstillbaren Durst in mir werden, wenn er wirklich von Ihm geweckt ist.
- Auf dem Missionsfeld, das der Herr für mich bestimmt hat, möge ein älterer, erfahrener Missionar leben, der mich die erste Zeit in die Arbeit einführen kann.
- Die Möglichkeit, echte Pionierarbeit zu betreiben (d.h. unter Stämmen zu arbeiten, die noch **nie** das Evangelium gehört haben), sollte ebenfalls vorhanden sein.[3]

Drei Jahre später, im April 1967, auf der Autobahn irgendwo zwischen Köln und Essen, sitzt ein alter Missionar neben mir im Wagen. Er erzählt von seiner letzten Reise nach Kamerun/Zentralafrika. Bisher war es ihm auf seinen Missionsreisen gesundheitlich immer sehr schlecht gegangen. Aber dieses letzte Mal war es ganz anders gewesen, und er teilt mir mit, dass er jetzt mit seiner Frau nach Kamerun übersiedeln will, um seinen Lebensabend dort zu verbringen. Auch ist ihm klar geworden, dass er in Zukunft nicht nur unter den Bantustämmen arbeiten soll, sondern vornehmlich auch unter den Pygmäen, die dort in größerer Zahl in den Wäldern leben und noch nie vom Evangelium erreicht wurden!

Das ist die Antwort! Gott hat alle drei Bitten erfüllt: das brennende Verlangen, den alten Missionar, die Pionierarbeit. Bleibt nur die Frage: Ist mein alter Freund und Bruder bereit, mich als seinen Missionshelfer und Nachfolger zu akzeptieren? – Mit Freuden sagt er zu. Schon jahrelang hat er gebetet, dass ich sein Begleiter werde. Er hat mir jedoch nie davon erzählt, weil er überzeugt ist, dass Gott genügend Möglichkeiten hat, uns Seinen Willen zu offenbaren. – Wie froh bin ich nun, dass ich vorher keinem Menschen von meinen drei Bitten erzählt habe. Hier kann keinerlei menschliche Manipulation vorliegen!

Ein Problem stellt sich noch: Ich bin ledig, und nur ein verheiratetes Paar kommt für die betreffende Missionsstation in

---

3   Die beiden letzten Voraussetzungen waren in dieser Kombination zum damaligen Zeitpunkt auf keinem der Missionsfelder gegeben, wo unsere Brüderversammlungen arbeiteten.

Frage. Einige Tage später bekomme ich Post von einem gläubigen Mädchen, um dessen Hand ich zwei Jahre vorher angefragt hatte, das aber damals noch nicht klar sah in Bezug auf einen gemeinsamen Weg mit mir. Wir waren übereingekommen, füreinander zu beten und solange keinen Umgang miteinander zu pflegen, bis der Herr so oder so eine Lösung gefunden habe. Nun schreibt mir dieses Mädchen (mit dem ich mittlerweile 40 Jahre überaus glücklich verheiratet bin), dass sie wieder mit mir Verbindung aufnehmen will – ohne dass sie auch nur im Geringsten von der Entscheidung weiß, die wenige Tage vorher für Kamerun gefallen ist!

Wir treffen uns, und ich darf erleben, wie wunderbar Gott meine zukünftige Frau innerlich auf den gemeinsamen Dienst vorbereitet hat, den Er für uns draußen und in der Heimat vorgesehen hat.

Neulandarbeit

Kurz vor diesen Ereignissen entstand auch – aus einer Notlage heraus – die **Neulandarbeit in der Pfalz**. Im Jahr 1966 wurden die Schweizer Freizeiten aufgegeben und eine Fortsetzung in anderer Form war nicht in Sicht. Da legte es mir der Herr aufs Herz, das in den Freizeiten Gelernte nun auch in die Tat umzusetzen. Gab es nicht auch in Deutschland noch ›weiße Flecken‹, wo wenig oder garnicht evangelisiert worden war – zumindest nicht in der Weise, wie wir es für notwendig sahen? Und konnte es eine bessere Ferienbeschäftigung geben, als gerade diese Gegenden aufzusuchen und den Menschen dort die frohmachende Botschaft vom Kreuz zu bringen? Auch waren mittlerweile durch die oben erwähnten Treffen in der Schweiz und die daran anschließenden Nacharbeitstreffen in Haspe so viele junge Brüder voller Eifer für den Herrn, dass es sicher nicht schwer fallen sollte, eine Anzahl auch für einen solchen missionarischen Einsatz zu gewinnen. Aber wo sollten wir beginnen?

Ein älterer, erfahrener Evangelist gibt uns einen guten Tipp und ist auch bereit, bei den ersten Einsätzen mitzumachen. Und so findet **Pfingsten 1966** der erste Einsatz von jungen Brüdern der ›Christlichen Versammlungen‹ in der Pfalz statt. Wir schlafen in Hauszelten und gehen tagsüber in die umliegenden Dörfer, von Tür zu Tür mit Evangeliumstraktaten. Irgendwo im Dorf gibt es gleichzeitig eine Kinderstunde mit fröhlichem Gesang und Gitarrenbegleitung oder Akkordeonspiel – sei es auf dem Fußballplatz, der Kirchtreppe, dem Tanzboden des Wirtshauses oder wo auch immer sich eine Gelegenheit zeigt.

Dieser Dienst an den Kindern bereitet mir sehr große Freude, doch haben wir ein Problem: Wir haben kein eigenes Kindermaterial, sondern sind auf Publikationen aus anderen Verlagen oder Missionswerken angewiesen. Mich persönlich stört das zwar nicht besonders, aber für die ›führenden‹ Brüder der Versammlung ist das nicht tolerierbar! Was tun? – Nun, die Herbstferien desselben Jahres verbringe ich im Wesentlichen an der Schreibmaschine, und am Ende kommt eine kleine Schrift heraus mit dem Titel »Der Halleluja-Jimmy«. Das sind zwei wahre Begebenheiten in kindgemäßer Weise erzählt, die auch den Anforderungen der ›Brüder‹ genügen. Nur der Titel findet keine Gnade in ihren Augen. So wird schließlich aus dem »Halleluja-Jimmy« der »glückliche Jimmy«, ein Kinderheft, das in der Zwischenzeit schon in viele Sprachen übersetzt und vielen kleinen und großen ›Kindern‹ zum Segen wurde.

Ich bin dem Herrn von Herzen dankbar für diese Einsätze in der Pfalz und auch im angrenzenden Saarland, wo ich in dieser Zeit zwischen 1966 und 1969 wertvolle Erfahrungen Seiner Treue und Seiner Führung machen darf in der Gemeinschaft mit gleichgesinnten Brüdern, von denen etliche später auch in den ›vollzeitlichen‹ Dienst gehen. Verschiedene Kinderstunden entstehen, auch Bibelfernkurse für Kinder, die u.a. auch ins Spanische übersetzt werden und selbst unter Erwachsenen geschätzt werden. Manche bekennen, den Herrn gefunden zu haben, und die Ewigkeit wird zeigen, was Er in den Herzen der Einzelnen hat bewirken können!

Mit Rücksicht auf den Fleiß des Verfassers: noch mangelhaft!

Meine beiden Theologieprofessoren schauen mich ernst an. Die schriftliche Arbeit fürs erste Staatsexamen ist leider verbaut. Hatten sie mich nicht oftmals gewarnt? Warum musste ich auch immer wieder auf die offensichtlichen Denkfehler der historisch-kritischen Methode hinweisen, statt alles gläubig und unkritisch zu schlucken, was mir von ihnen vorgesetzt wurde? Erinnerte ich mich noch daran, wie ich bei der Nachbesprechung einer Religionsstunde, wo es um den verlorenen Sohn ging, die Wiedergeburt des anwesenden Professors in Zweifel gezogen hatte? Und wie oft hatte sein Kollege mich schon aus dem Religionsseminar ausschließen wollen, weil er meinen Widerspruch nicht mehr ertragen konnte! »*Ja, Vedder, was haben Sie sich denn dabei gedacht, die modernen Theologen mit einem Handstreich vom Tisch zu fegen?!*« Nun, ich hatte im Vorfeld meiner Examensarbeit den Professor gebeten, das Thema vor allem in Verbindung mit bibelgläubigen Theologen behandeln zu können. Das sollte bei diesem Thema ›*Gesetz und Evangelium in der Evangelischen Unterweisung*‹ ja auch eigentlich selbstverständlich sein! Aber er bestand darauf, dass die Professoren Bultmann, Käsemann und andere Vertreter der historisch-kritischen Methode unbedingt auch zu Rate gezogen werden müssten, obwohl sie nun wirklich nicht viel zu diesem Thema beizutragen hatten. Nun, das Ergebnis war vorherzusehen, und nun saß ich hier mit der niederschmetternden Mitteilung: *Mit Rücksicht auf den Fleiß des Verfassers: noch mangelhaft!*

Sollte ich das so einfach akzeptieren? Ein weiteres Semester dranhängen, nur weil diese Männer beleidigt waren und ihr Ziel, mich von meinem kindlichen Glauben zu befreien, nicht erreicht hatten?! – Während ich darüber nachdenke, wird mir klar: Was du hier erlebst, geschieht um Christi willen. Lauf Ihm nicht aus der Schule fort! Er weiß, wofür es gut ist. ›*Lieber Unrecht leiden als Unrecht tun!*‹ Und wenn die Professoren noch so drohen – »*Wir werden dafür sorgen, dass Sie niemals die Vocatio*[4] *erhalten*« –

Bibelverse lernen

---

4   Die kirchliche Lehrerlaubnis zur Erteilung des evangelischen Religionsunterrichts

weiß ich mich in dem geborgen, der verheißen hat: »*Ich will dich nicht versäumen und verlassen, so dass wir kühn sagen können: Der Herr ist mein Helfer, ich will mich nicht fürchten. Was wird mir der Mensch tun?*« (Hebr 13,6)

Nun, im nächsten Semester kommt ein neuer Theologieprofessor nach Bonn. Soll ich es noch einmal versuchen? Ich erzähle ihm von seinen Kollegen und meiner Überzeugung von der Verbalinspiration[5] und frage ihn, ob er bereit ist, mich auf dieser Basis in die mündliche Prüfung zu nehmen (eine Wiederholung der schriftlichen Examensarbeit im Fach ›Evangelische Theologie‹ war mir wegen des mageren Ergebnisses nicht mehr erlaubt). Er ist einverstanden, und so kommt es am Ende des Zusatzsemesters zu einer überaus interessanten Prüfung zum Thema ›Gesetz und Evangelium im Galaterbrief‹ zwischen einem Vertreter der historisch-kritischen Forschung und einem jungen Anwärter fürs Lehramt, der sich im wesentlichen auf die Erkenntnisse einiger englischsprachiger Theologen des 19. Jahrhunderts aus der ›Brüderbewegung‹ stützt, die schon in ihrer Zeit mit ähnlichen liberalen Ansichten konfrontiert wurden und dazu (zur Inspirationslehre wie auch zum fundamentalen Unterschied zwischen Gesetz und Evangelium) einige beherzigenswerte Artikel verfasst haben.

Am Ende der Prüfung dann meine Frage: Was soll ich tun, um doch noch die ›Vocatio‹ zu erhalten? Mein Gegenüber ist bestens informiert über meinen ›kirchlichen‹ Hintergrund. »*Sie kommen aus der Brüderbewegung, und dazu noch aus dem ›geschlossenen‹ Teil. Das wird nicht ganz einfach für Sie sein! Ökumenefeindlich und auch der Evangelischen Allianz nicht wohl gesonnen! Aber ich rate Ihnen: Besorgen Sie sich einen Termin beim Oberkirchenrat Ebersbach in Düsseldorf und erzählen Sie ihm alles, was Sie mir erzählt haben. Und machen Sie auch deutlich, dass Sie keine Proselyten machen wollen!*«

Gesagt, getan! Einige Wochen später sitze ich besagtem Kir-

---

5 Der biblische Urtext ist Wort für Wort und Buchstabe für Buchstabe vom Heiligen Geist eingegeben (inspiriert), d.h. nicht unbedingt diktiert, aber das Ergebnis entspricht bis auf das kleinste ›Tüpfelchen‹ den Gedanken Gottes und ist von daher irrtumslos, zuverlässig und ohne innere Widersprüche.

chenmann gegenüber, der noch einen weiteren seines Ranges hinzugenommen hat. Ich erzähle ihnen meine Geschichte und was mich bewogen hat, überhaupt Lehrer werden zu wollen. Und dabei stellt sich heraus, dass sich beide zu Jesus Christus als ihrem persönlichen Herrn und Heiland bekennen! Sie hören gespannt zu und ihre Antwort lässt nicht lange auf sich warten: »*Leute wie Sie suchen wir wie die berühmte Stecknadel im Heuhaufen. In einer Viertelstunde können Sie die ›Vocatio‹ direkt mit nach Hause nehmen!*« – Wie jubelt da mein Herz. Der Herr hat alles gut gemacht. Ihm allein sei Lob und Dank dafür!

Doch damit ist die Geschichte noch nicht zu Ende. Nach dem Examen bekomme ich meine erste Stelle in der Sonderschule für Lernbehinderte in Frechen, einem Vorort von Köln. Die Schule besuchen auch etliche evangelische Kinder, die in einigen Klassen zusammengefasst werden, wenn Religionsunterricht dran ist. Bisher hat eine evangelische Kollegin diese Aufgabe wahrgenommen, doch jetzt muss sie einen Teil der Klassen an mich abgeben. Das scheint ihr jedoch nicht zu behagen. Und als sie erfährt, dass ich meinen Schülern evangelistisches Kindermaterial vom Missionswerk Werner Heukelbach mitgebe, da ist kein Halten mehr. Der örtliche Pfarrer wird informiert in der Hoffnung, dass der frühere Zustand wiederhergestellt wird. Der etwas ältere Herr bemüht sich zu uns auf den Berg (die Schule war auf dem größten Hügel des Ortes erbaut) und erkundigt sich bei mir sehr eingehend nach meiner Glaubensüberzeugung. Es zeigt sich, dass auch er ein Bruder in Christus ist, der sich freut, dass endlich mal ein gläubiger Lehrer den Religionsunterricht an dieser Schule in die Hand nehmen möchte. »*Wissen Sie, Ihre Kollegin wollte Ihnen die Klassen wieder abnehmen; jetzt aber bekommen Sie auch noch die restlichen Klassen hinzu, so dass Sie den gesamten Religionsunterricht für alle evangelischen Schüler übernehmen können!*« Ja, unsere Verlegenheiten sind Seine Gelegenheiten!

Aber das ist immer noch nicht das Ende der Geschichte. Einige Zeit nach diesen Ereignissen gesellt sich die katholische Religionslehrerin zu mir: »*Herr Vedder, ich komme mit Ihrer Klasse nicht zurecht. Die Kinder sind so wild und undiszipliniert im Religionsunterricht. Ich weiß nicht mehr, was ich machen soll!*« – »*Wenn das so* ist, *übernehme ich am Besten ihren Unterricht.«* – *»Ja, aber das geht doch nicht! Sie können doch keinen katholischen Religionsunterricht erteilen!«* – *»Wieso denn nicht? Sie wissen doch, dass ich evangelische Religion unterrichte, obwohl ich nicht zur Evangelischen Kirche gehöre. Ich erteile lediglich biblischen Unterricht – erzähle Geschichten aus der Bibel – und das müsste doch im katholischen Religionsunterricht genauso möglich sein, oder?«* – *»Nun, da muss ich mal zunächst die Patres fragen. Sie hören wieder von mir.«* – Es vergeht eine längere Zeit. Dann kommt die Antwort: *»Die Patres sind einverstanden. Sie können katholischen Religionsunterricht erteilen.«* Und so kommt es, dass der, dem angedroht wurde, niemals (evangelischen) Religionsunterricht erteilen zu können, die Erlaubnis gegeben wird, dies nicht nur für alle evangelischen, sondern sogar für etliche katholische Schüler zu tun! **So groß ist unser Gott!**

Kardinal Frings lässt grüßen

In diese Zeit fällt auch die Möglichkeit – nicht weit von unserem Versammlungsraum in Köln-Mülheim entfernt – in einem großen, sozial schwachen Wohngebiet[6] eine wöchentliche Kinderstunde zu halten. Der Start ist aber alles andere als einfach: Zunächst müssen die beiden für dieses Gebiet zuständigen ›Geistlichen‹ gefragt werden. Der erste Besuch findet bei dem evangelischen Pastor statt. Wieland Wiemer ist die Freundlichkeit in Person. Natürlich können wir uns gerne um diese Kinder kümmern. Er wird uns nichts in den Weg legen und wünscht uns Gottes Segen. *»Aber«*, fügt er hinzu, *»vergessen Sie nicht meinen katholischen Kollegen. Der hat eigentlich noch mehr zu sagen als ich, da die Bevölkerung hier mehrheitlich katholisch ist.«* Wir bedanken uns für den Hinweis, lassen uns noch den Weg beschreiben, und ab geht's ›in die Höhle des Löwen.‹ Wie erstaunt und dankbar sind wir zu erfahren, dass auch er sich über unseren angekündigten Dienst freut (Ist er vielleicht schon über meinen katholischen Religionsunterricht in Frechen unterrichtet?) und uns keine Hin-

---

6   Den sog. ›Hacketäuer Kasernen‹

dernisse in den Weg legen will. Und einige Tage später landet ein freundlicher Brief, vom Kölner Kardinal Frings unterschrieben, auf meinem Schreibtisch, in dem er uns alles Gute für die Zusammenarbeit vor Ort wünscht![7] Und dann dürfen wir erleben, wie der Herr Türen öffnet, Kinderherzen zubereitet und Menschen fragend macht, gerade dort, wo man es vielleicht am wenigsten vermutet.

Ausreise nach Kamerun

Im Oktober 1969 stehen wir am Kai vor dem Schiff, das meine kleine Familie – meine Frau Ilse, unseren drei Monate alten Sohn Marco und mich – nach Douala, dem größten Hafen Kameruns, bringen soll. Freunde haben uns begleitet und mitgeholfen, das Gepäck aufzugeben. Und nun gilt es, Abschied zu nehmen. Und zu neuen Ufern aufzubrechen …

Ein kurzer Blick zurück: **Ende 1967** verabschiedete ich mich aus dem Schuldienst. Es war ein Schock für meine Klasse, als ich ihnen verkündigte: »*Euer Lehrer geht in die Mission und muss euch leider verlassen.*« Wir hatten uns so sehr schon aneinander gewöhnt. Manchmal kam der eine oder andere mit seinen Nöten und Problemen zu mir, mit Dingen, die sie ihren eigenen Eltern nicht anvertrauen wollten. Und nun dieser plötzliche Abschied! Doch meine Erklärung schien sie zufriedenzustellen: »*Die Afrikaner brauchen auch das Evangelium, und Gott hat mich gerufen, zu ihnen zu gehen.*«

Nun, zunächst ging es in die französische Schweiz, nach Morges am Genfer See. ›Französisch‹ stand auf dem Lernprogramm, und ich erlebte, wie der treue Herr dafür sorgte, dass ich bereits nach sechs Monaten in dieser Sprache predigen konnte. Für mich ein verblüffendes Resultat, hatte ich mich doch auf der ›Penne‹ mit den Sprachen recht schwer getan!

Dann kam die **Hochzeit** mit Ilse und die anschließende Hoch-

---

7   Die katholische Kirche machte uns keinerlei Vorschriften und mischte sich auch in keiner Weise in unseren Dienst ein.

zeitsreise ins Scharnachtal. Und von dort auf der Rückfahrt noch in Brüssel vorbei, wo unsere Geschwister bereits für die Zeit meines **Tropenstudiums** in Antwerpen eine Wohnung besorgt hatten. Auch die Zeit dort ging schneller vorüber als gedacht – wenn auch etwas mühsam in Folge einer großen Müdigkeit (die mich in zu- oder auch abnehmender Intensität bis heute ständig begleitet).

Die schönste Erinnerung an diese Zeit ist der **katholische Hauskreis**, den ich mit zwei Brüdern aus der Brüsseler Versammlung in Antwerpen halten durfte. Einer meiner Professoren am ›Königlichen Institut für Tropenmedizin‹ hatte sich für meine Auffassung der christlichen Nachfolge interessiert. Kurzerhand hatte er mit etlichen seiner Freunde einen Hauskreis gegründet und uns dazu eingeladen, ihnen mehr über ›unseren‹ Glauben zu erzählen. Diese erste längere Begegnung und Betreuung von aufrichtig suchenden Katholiken sollte für meinen späteren Dienst von nicht unerheblicher Bedeutung werden.

In diese Zeit fiel auch eine für mich bis dahin nicht denkbare neue Erkenntnis: Menschen können sogar durch einen **Film** zum Herrn geführt werden! Und das kam so: In unseren Brüsseler Hauskreis – nicht identisch mit dem oben erwähnten von Antwerpen – kam u.a. auch ein junges Mädchen, das sich einige Zeit vorher durch einen Billy-Graham-Film bekehrt hatte. Ich hatte große Mühe, diese Bekehrung als echt anzusehen, doch half unser treuer Herr mir auf Seine Weise, von gewissen alten Vorurteilen in solchen Dingen freizuwerden. Als wir nämlich im Verlauf unserer Bibelstunden an die bekannte Stelle im 1. Korintherbrief Kapitel 11 kamen, wo davon die Rede ist, dass das lange Haar eine Ehre für die Frau ist, reagierte unsere junge Schwester sehr überrascht – sie hatte bis dahin noch niemals etwas darüber gehört und wir hatten sie auch nicht auf ihr kurzes Haar hin angesprochen – und teilte uns mit: »*Von heute an werde ich mir das Haar wachsen lassen. Ich liebe meinen Herrn, und darum will ich Ihm gehorsam sein!*«

Nicht vergessen möchte ich auch unsere Kontakte zu einer **spanischen** Gruppe von Gläubigen, die zwar Mühe hatte, sich in unsere ›Versammlung‹ zu integrieren, aber desto dankbarer war, wenn wir uns zu ihnen gesellten und Gemeinschaft hatten unter Gottes Wort. Auch diese Erfahrung sollte sich später noch als sehr hilfreich für unseren Dienst unter Ausländern und Asylanten in Deutschland erweisen.

Und jetzt stehen wir hier am Kai von Antwerpen, den Blick nach vorn gerichtet. Was mag die Zukunft uns bringen? Afrika, der unbekannte Kontinent! Wie werden die Schwarzen auf mich, einen jungen, unerfahrenen Missionar reagieren? Welche Auswirkungen wird das feuchtheiße Klima auf uns haben? Wie kommen wir klar mit der für uns so fremden Kultur? Und wie wird sich das Zusammenleben mit der Schweizer Familie gestalten? (Neben dem Missionsehepaar ist mittlerweile auch deren Tochter bei ihnen eingetroffen.) Fragen über Fragen, doch eine Antwort: Der Herr weiß es, und Er wird zu Seiner Zeit antworten und alles recht führen! So dürfen wir getrost alles in Seine Hände legen und dem vertrauen, der den nicht verlässt, der sich auf Ihn allein verlässt!

Unsere Ausreise hat sich verzögert, da das ursprünglich vorgesehene Schiff eine Kollision auf See hatte und durch ein anderes ersetzt wurde, die ›Olde Kerk‹. Noch wissen wir nicht, dass die für 14 Tage geplante Reise mehr als fünf Wochen dauern wird: Verschiedene Streiks in Frankreich und an der Küste Afrikas machen es möglich, dass unser Übergang aus dem westlichen Wohlleben in die afrikanische Armutsgesellschaft solchermaßen allmählich vor sich gehen und die Eingewöhnungsphase nicht zu stürmisch werden wird!

In der Biscaya erleben wir unseren ersten Orkan. Kurze Zeit danach beobachten wir fliegende Fische, die uns eine wichtige Lektion erteilen: Sie tauchen in großen Schwärmen plötzlich aus dem Wasser hervor, ›fliegen‹ etwa einhundert Meter oder auch mehr in einer Höhe von vielleicht zwei bis drei Metern über der Wasseroberfläche und tauchen dann wieder ins Wasser ein, falls … ja, falls sie nicht in der Zwischenzeit von einem der über ihnen fliegenden Raubvögel geschnappt werden, die nur darauf warten, dass sie das ihnen eigene und sichere Element Wasser verlassen, um sich dorthin zu begeben, wo sie eigentlich nicht hingehören. So sind auch wir, die Kinder Gottes, nur dann in

Sicherheit, wenn wir ›nahe bei Jesus‹ bleiben, in der Gemeinschaft mit Ihm und in Übereinstimmung mit Gottes Wort. Gilt nicht auch heute noch das Wort, das der Apostel Petrus vor zweitausend Jahren schrieb: »*Der Teufel geht umher und sucht, wen er verschlinge*« (1Petr 5,8)? Sind wir, die Ohnmächtigen, geborgen in Jesus, dem Allmächtigen, dann kann der sehr mächtige Teufel uns nichts anhaben, denn: »*Niemand kann sie aus meiner Hand rauben*« (Joh 10,27ff).

»**Tut, tut, tut** ...« Wir schrecken aus dem Schlaf empor. Dichte Nebel ziehen an unserem Kajütenfenster vorbei. Schnell eilen wir auf's Deck. Nebel, soweit das Auge sieht ... und rechts und links von uns gleiten die Hochseeschiffe der russischen Fischereiflotte vorbei. Eine mehr als gespenstische Szene. Hat unser Kapitän nicht aufgepasst? Wie kommt es dann, dass sich das Schiff immer noch so schnell vorwärts bewegt? Wir merken der Besatzung die Anspannung an. Allmählich wird die Fahrt langsamer, und dann kommt der Achttausend-Tonner endlich zum Stillstand. Alle atmen erleichtert auf. Wie schnell hätte es zu einer Kollision kommen können! Wieder einmal hat unser treuer Herr über uns gewacht!

Wir sind acht oder neun Fahrgäste auf dem Frachter, der an der afrikanischen Küste entlangdümpelt und seine Fracht abgibt oder auch neue lädt. Neben einigen etwas abenteuerlich anmutenden Personen fährt ein lutherischer Pastor seinem ersten Einsatz in Westkamerun entgegen. Er ist von der ehemaligen Basler Mission ausgesandt und verbringt seine ganze Zeit damit, ein Puzzle nach dem anderen zusammenzusetzen. So hat er auch schnell seinen Spitznamen weg: der Puzzle-Pastor. Mit ihm versuche ich ins Gespräch über geistliche Dinge zu kommen und begegne völligem Desinteresse, was Gottes Wort angeht. Worin mag er wohl seinen Auftrag sehen? Ein Missionar ohne Mission! Ein blinder Blindenführer! Damals weiß ich noch nicht, dass wir eines Tages genau in dieser Gegend arbeiten werden, um den Menschen das Wort des Lebens zu bringen und ihnen in der Nachfolge Christi behilflich zu sein.

Nun, der mangelnde Austausch mit den übrigen Mitreisenden gibt mir Gelegenheit, mich stärker mit dem ›heiligen Buch‹

der Moslems zu beschäftigen: dem Koran. Noch weiß ich nicht, dass mir die Kenntnis dieses Buches in allernächster Zeit eine große Hilfe sein wird. Ich lese es ganz von vorne bis hinten, auch wenn die vielen Wiederholungen ermüdend wirken. Es ist mir rätselhaft, was die Muslime an diesem Buch so großartig finden – im Grunde kein Vergleich mit unserer Bibel. Und mir wird klar, warum Moslemkenner vor allem darauf drängen, einen Moslem erst einmal zum Lesen der Bibel zu bringen. Dann lässt die Bekehrung in der Regel nicht lange auf sich warten, denn der Unterschied ist einfach zu augenfällig.

Der Herr ist mein Helfer

Endlich, nach etwa zwei Wochen, gehen wir in Dakar, der Hauptstadt Senegals, vor Anker. Zum ersten Mal setze ich meinen Fuß auf afrikanischen Boden. Am nächsten Tag soll es weitergehen, so verbleibt mir ein ganzer Tag, um die Stadt kennenzulernen. – Und hier erlebe ich zum ersten Mal den ungeheuren Fanatismus der Anhänger einer Religion, die sich geschworen hat, das Christentum mit Stumpf und Stiel auszurotten, doch auch die Allmacht unseres Herrn und Seine Bewahrung in größter Gefahr, wie ich es eingangs geschildert habe. Solange wir hier noch einen Auftrag haben, kann uns keine Macht der sichtbaren oder unsichtbaren Welt daran hindern, Seinen Auftrag auszuführen. Wir dürfen Ihm völlig vertrauen, denn auch heute noch gilt dieses Verheißungswort, das Er Seinen Jüngern vor zweitausend Jahren mitgegeben hat: *»Mir ist alle Gewalt gegeben im Himmel und auf Erden ... »*(Matth 28,18). Ja, *»wer im Schirm des Höchsten sitzt, wird ruhen im Schatten des Allmächtigen.«* (Psalm 91,1) und: *»Wenn Gott für uns ist, wer gegen uns? Er, der Seines eingeborenen Sohnes nicht geschont, sondern Ihn für uns alle hingegeben hat, wie wird Er uns in Ihm nicht auch alles schenken?«* (Röm 8,31.32), so dass wir getrost ausrufen dürfen: *»Der Herr ist mein Helfer. Was wird mir der Mensch tun?«* (Hebr 13,6).

Ankunft Douala im November 1969

Schließlich, nach mehr als vier Wochen Schiffsreise, endlich die Ankunft im einzigen Seehafen von Kamerun, der Wirtschaftsmetropole des Landes: Douala. Es ist ein Samstag, und die Zeit drängt. Doch das Anlegemanöver verzögert sich so sehr, dass nur noch etwa eine Stunde Zeit bleibt, um alles Gepäck zum Zoll zu bringen. Danach wird er schließen und erst wieder am Montag öffnen. Was kann ich tun? – Auf dem Kai lungern einige junge Burschen herum. Ich spreche sie an, und sie erklären sich bereit, uns beim Transport der vielen Kisten und Koffer zu helfen. Und tatsächlich – wir sind zwar die Allerletzten der Passagiere – aber es klappt gerade noch vor Toresschluss. Da kommt der Anführer der etwa 10 Mann starken Truppe zu mir und bittet bereits um den Sold für seine Truppe, da er unbedingt weg muss. Er nennt einen akzeptablen Preis, und ich freue mich, so günstig davongekommen zu sein. Aber kaum hat er sich verabschiedet, da erscheinen die übrigen und verlangen dasselbe. »*Aber ich habe doch gerade euren Anführer bezahlt, der wird euch sicher euren Anteil ausbezahlen!*« – »*Wieso, den Typ kennen wir überhaupt nicht! Mit dem haben wir gar nichts zu tun!*« – Es bleibt mir nichts anderes übrig, als noch einmal in die Tasche zu greifen und jedem einzelnen einen weiteren Betrag auszuhändigen. Und jetzt ist der ›Gesamttarif‹ nicht mehr so günstig …

Nun, letztendlich hat auch darüber unser treuer Herr Seine gütige Hand gehalten. Die ›Tarifrunde‹ mit unseren Trägern hat nämlich so lange gedauert, dass der Zollbeamte keine Lust mehr hat, unser Gepäck samt Überseekisten zu kontrollieren. Alles kann ungeprüft und kostenlos durch den Zoll gebracht werden – ein Ereignis, das den Missionaren, denen ich davon später erzähle, geradezu unglaublich vorkommt. Vor allem wenn man bedenkt, dass ein komplettes kleines medizinisches Labor dazugehört und diverse größere Geräte, die normalerweise nur unter großem finanziellen und zeitlichen Aufwand durch den Zoll zu bringen sind! »*Wie wunderbar sind deine Wege, oh Herr, und meine Seele weiß es sehr wohl!*« (Psalm 139,14)

Der Angriff

Nun leben wir seit einigen Wochen auf der Missionsstation in Nko'emvon, mitten im kamerunesischen Urwald. Die ersten Kontakte sind geknüpft, und wir fangen langsam an, uns an die neue Umgebung zu gewöhnen.

Da geschieht es: lautes Geschrei vor unserem Haus, Gewehrschüsse, drohendes Gebrüll. Eine beachtliche Zahl von Dorfbewohnern hat sich versammelt, und ihr Anführer steht bereits auf der Schwelle zur Küche, von uns Missionaren, die wir im Wohnzimmer versammelt sind, lediglich 6-7 Meter entfernt. Er schreit ›Zeter und Mordio‹ und droht, uns alle umzubringen. – Was war die Vorgeschichte? Besagter Anführer ist u.a. auch der Schreiner unserer Mission, und in dieser Funktion hatte er einen Sarg angefertigt, für den er jetzt seinen Lohn verlangt. Den will ihm aber der alte Missionar nicht aushändigen, weil er noch Schulden bei ihm hat. In seinem Kummer besäuft sich der Schreiner und zettelt einen Aufstand im nahgelegenen Dorf an. Nun ist er zurück mit dem Pöbel, dem die Mission schon lange ein Dorn im Auge ist.

Während er weiter seine Wut herausschreit und die Geräuschkulisse draußen bedrohlich zunimmt, sagt unser alter Missionar: »Lasst uns hinknien und den Herrn um Seinen Beistand anrufen.« – So kniet die kleine Missionsfamilie – das alte Ehepaar mit seiner Tochter, meine Frau und ich – mitten im Wohnzimmer und bringt dem Herrn diese Not. Der Schreiner flucht und zetert weiter, vermag aber keinen Schritt vorwärts zu gehen. Er bleibt wie festgewurzelt auf der Türschwelle stehen, als ob ihn eine unsichtbare Macht an diesem Platz festhält. Schließlich – nach etwa einer Viertelstunde – spricht ihn unser alter Missionar an: »*Nun geh wieder nach Hause und ruh dich aus!*« Der Mann verstummt, dreht sich um, geht zu seiner ›Truppe‹ und wenige Augenblicke später ist das Missionsgelände menschenleer. Stille ist wieder eingekehrt. Ja, Gottes Zuspruch aus Hebräer 13,6 (s.o.) hat sich wieder einmal als wahr erwiesen!

»Geh wieder nach Hause, Missionar!«

Eine meiner ersten Aufgaben auf dem Missionsfeld ist der Verkauf von Bibeln und Verbreitung von Literatur auf afrikanischen Märkten, vornehmlich im Busch. Bei diesen oft tagelangen Fahrten ergibt sich auch nicht selten die Gelegenheit, das Wort in dem einen oder anderen Dorf zu verkündigen, vor allem in den sogenannten ›Palaverhütten‹. Dort trifft sich die männliche, zumeist ältere Bevölkerung der Gegend, um wichtige Dinge[8] miteinander zu besprechen und auf diese Weise so manchen Tag zu vertrödeln, während ihre Frauen, Schwestern und Mütter auf den Feldern schuften.

Eine solche Gruppe treffe ich auf einer Fahrt in den Süden des Landes an und habe Gelegenheit, ihnen etwa 30 Minuten lang das Evangelium zu verkündigen. Sie hören mehr oder weniger höflich zu, dann bitten sie um das Wort: »*Missionar, wir haben ein Problem. Unsere Frauen gehorchen uns nicht mehr.*« – »*Nun*«, erwidere ich, »*das Problem können wir lösen. Ihr wisst doch, was Gott zu Adam und Eva gesagt hat bei der Vertreibung aus dem Paradies, oder? Hat Er etwa zu Eva gesagt, dass sie im Schweiße ihres Angesichts auf dem Felde arbeiten soll?*« – Meine afrikanischen Freunde wissen durchaus die Antwort: Nicht Eva, sondern Adam wurde diese Aufgabe von Gott zugeteilt! »*Seht*«, sage ich ihnen, »*solange ihr Gott nicht gehorcht, müsst ihr euch auch nicht wundern, wenn euch eure Frauen nicht gehorchen. Fangt erst einmal selber an, Gott zu gehorchen. Dann dürft ihr auch darauf hoffen, dass euch eure Frauen ebenso gehorchen!*« – »*Missionar, geh wieder nach Hause. Deine Lösung gefällt uns nicht!*« -

»**Wenn ihr dies alles wisst, glückselig seid ihr, wenn ihr es tut!**« (Joh 13,17)

---

8 Z.B. wer die Präsidentenwahl in den USA gewinnt oder nächster deutscher Bundeskanzler wird!

Eine Auferstehung auf afrikanisch

Nicht lange nach unserer Ankunft in Nko'emvon ertönt plötzlich lautes Wehgeschrei auf der Missionsstation. Der Schwiegervater eines Dorfbewohners ist gestorben. Und der Schwiegersohn hat kein Geld mehr, um die vielen Trauergäste, die von nah und fern gekommen sind und nicht so bald vorhaben, ihn in seinem Leid allein zu lassen, weiterhin gebührend zu beköstigen. So bietet sich die Mission als willkommener Geldgeber an, und natürlich lassen wir unseren Freund in seiner Trauer nicht im Stich!

Einige Tage später bin ich auf der Präfektur eingeladen. Ich stehe an der Brüstung im ersten Stock und warte, zum Präfekten vorgelassen zu werden, als mein Mitarbeiter mich anstößt und nach unten weist. *»Siehst du diesen Mann, der gerade auf den Hof kommt?«* – *»Ja, was ist mit ihm?«* – *»Nun, das ist der Schwiegervater, der vor einer Woche verstorben ist und dessen Schwiegersohn du so freundlich ausgeholfen hast!«* ...

Eine Beerdigungsfahrt der besonderen Art

Zu Beginn der Regenzeit hält vor unserem Haus das Buschtaxi und ein toter junger Mann wird auf den Rasen gelegt. Man hat gehört, dass es hier einen Schreiner gibt, und der soll jetzt auf Kosten der Mission einen Sarg zimmern. Unser Vorrecht ist es dann, denselben in sein Heimatdorf zu begleiten und dort die Beerdigung zu übernehmen. Das Problem ist nur, dass die Piste dorthin recht glitschig und oft abschüssig ist, viele Kilometer von der Station entfernt, und der Regen bereits eingesetzt hat. Ich treibe den Schreiner zur Eile mit dem Ergebnis, dass sich der Sarg als zu kurz erweist, als der Tote hineingelegt wird. Und ihn mit angewinkelten Beinen darin belassen, das geht auf keinen Fall! Also muss der Sarg verlängert werden, und das braucht Zeit, viel Zeit! – Endlich ist es soweit und die Fahrt kann losgehen. Wir durchfahren ein Dorf nach dem anderen. Überall wird die Kunde vom Ableben des unglücklichen Mannes hinausgeschrien, und vom ständigen Wehgeschrei begleitet versuche ich noch vor der einbrechenden Dunkelheit das Ziel zu erreichen, was mit Gottes Hilfe auch tatsächlich gelingt.

Natürlich können wir nicht noch am selben Abend die Beerdigung durchführen. So verbringe ich die Nacht im Trauerhaus und bete, dass die Rückkehr am nächsten Tag noch irgendwie zu schaffen ist, bevor der Regen die Piste unpassierbar werden lässt. Und ich erlebe, was es heißt, ohne Hoffnung zu sein. Die Schmerzensschreie bei der Ankunft und das Geheule und Geschrei der Klageweiber werde ich wohl so schnell nicht mehr vergessen!

So bin ich dem Herrn von Herzen dankbar, dass ich am nächsten Tag die Botschaft von der Auferstehung weitersagen kann. Dass es Hoffnung für den gibt, der seine Zuversicht auf Jesus, den Sohn Gottes, setzt, der dem Tod die Macht genommen und Leben und Unverweslichkeit ans Licht gebracht hat.

»Er hat durch den Tod den zunichte gemacht, der die Macht des Todes hat, das ist den Teufel, um alle die zu befreien, die durch Todesfurcht ihr Leben lang der Knechtschaft unterworfen waren ... « (Hebr 2,14.15)

Und Gott sorgt dafür, dass der Zustand der Piste so ist, dass ich noch am gleichen Tag die Rückreise antreten kann und schließlich wieder gesund und munter, wenn auch rechtschaffen müde, auf der Missionsstation ankomme.

»Schlange, Schlange, dort, dort!«

Mit weitgeöffneten Augen blickt der Häuptling auf die Stelle, wo ich eben noch für einige Augenblicke gestanden habe. »Nya, nya, va, va!« (Schlange, Schlange, dort, dort). Tatsächlich, dort, in Kopfhöhe, ringelt sich eine grüne Bananenschlange genau an dem Platz, an dem ich stehengeblieben war, um abzuwarten, bis der Häuptling die Schlagläden geöffnet hat, um Licht in den dunklen Raum zu lassen.

Es ist der 11. Februar 1970. Wir sind bei ihm eingeladen, weil er sich gerne taufen lassen möchte. Und da gibt es noch einiges vorher abzuklären ... [9]

So bittet er uns – einige Mitarbeiter und auch einer unserer Lehrer sind mitgekommen – zu sich ins Haus. Dabei erfahren wir wieder einmal, wie unser treuer Herr über allem steht und uns nichts ohne Seinen Willen geschehen kann. Hätte diese enorm giftige Schlange mir in den Kopf gebissen, dann wäre ich wohl kaum noch am Leben. Und doch ist ihr Maul nur wenige Zentimeter entfernt.

Nach der ersten Schrecksekunde fasst sich unser Lehrer ein Herz. Schnell zieht er sich einen seiner Schuhe aus und mit diesem in der Hand springt er mit einem großen Satz auf sie zu und zieht ihr einen über den Kopf. Die Schlange löst sich vom Seil, Blut tropft aus ihrem Maul zu Boden, und langsam gleitet sie, tödlich getroffen, nach unten. Die Gefahr ist beseitigt.

»Das Öl im Krug wurde nicht alle ...«

Wir sind am Ende der Trockenzeit im Jahre 1970. Die Regenzeit wird in wenigen Tagen beginnen. Mit einigen Mitarbeitern bin ich unterwegs nach Nyabissan, einem Urwalddorf am Ende eines Weges, der kaum noch befahren wird, weil die große Brücke über den Ntem[10] schon seit Monaten nicht mehr existiert. In der

---

9   Wir erlebten selten Widerstand von Seiten der Bevölkerung, wenn Menschen bekannten, sich bekehrt zu haben. Aber sobald die Taufe anstand, formierte sich der Widerstand, und manchmal flogen auch die Steine.

10   Einer der größten Flüsse in Südkamerun

letzten Regenzeit wurden Teile von ihr weggeschwemmt, und für Reparaturarbeiten fehlt es offensichtlich am nötigen ›Kleingeld‹. Aus diesem Grunde müssen wir einen Umweg nehmen von mehr als 100 Kilometern über eine uns bis dahin völlig unbekannte Strecke. Wir wundern uns, dass überall in den Dörfern, die die Straße säumen, Menschen stehen und unsere Durchfahrt beklatschen. Nach etwa eineinhalb Stunden Fahrt klärt sich das Geheimnis auf. Der Konvoi des Unterpräfekten überholt uns. Er macht heute seine Dienstantrittsreise, und die Leute haben uns offensichtlich mit ihm verwechselt. »Das darf auf keinen Fall wieder vorkommen«, erklären uns seine Sicherheitsbeamten. Und so folgen wir ihm in respektvollem Abstand. Er hat dasselbe Ziel wie wir: eine große Volksversammlung in Nyabissan und am darauffolgenden Tag ein Treffen mit den Häuptlingen des gesamten Distrikts an einem anderen Ort.

Nun, an besagtem Tag erscheinen wir kurz nachdem der Präfekt das Häuptlingstreffen verlassen hat. Der große Platz ist noch voll mit Menschen aus der ganzen Umgebung, und die Häuptlinge sitzen noch im großen Festsaal beieinander. Man hält uns an, und wir werden gebeten, ein Wort an die Häuptlinge zu richten. Welch eine wunderbare Gelegenheit, die Entscheidungsträger dieser Gegend auf einen Streich zu erreichen! Über was soll ich sprechen? Mir kommt die Unterredung des hohen geistlichen Würdenträgers Nikodemus in den Sinn, der lernen musste, dass die Form allein oder auch ein Glaube ohne Beziehung zu dem, an den es zu glauben gilt, keinen Wert vor Gott hat. So wähle ich die bekannte Begebenheit aus dem 3. Kapitel des Johannes-Evangeliums und versuche den Anwesenden deutlich zu machen, dass die Zugehörigkeit zu einer Religion oder auch zu einer Kirche – und mag sie noch so orthodox[11] sein – allein nicht ausreicht, um selig zu werden. Als ich dann noch die Presbyterianische Kirche, der offensichtlich die meisten der Anwesenden angehören, namentlich erwähne, dass auch sie keine Garantie für den Eintritt in den Himmel bedeutet, ist kein Halten mehr. Empört springen die Häuptlinge auf. Tumult entsteht unter den Hunderten der

---

11 Rechtgläubig, d.h. die Lehre entspricht im wesentlichen der biblischen Lehre

anwesenden Würdenträgern. Sie dringen auf mich und meinen Übersetzer ein, wollen uns ergreifen und misshandeln. Und wieder kommt mir der Aufstand in Nazareth ins Gedächtnis und die Hilfe des Herrn in der großen Moschee von Dakar. Ich bitte meinen Übersetzer, mir zu folgen, und ab geht's durch die Mitte bis zu unserem Landrover, der schon von der Menge der draußen Wartenden umlagert ist. Sie versuchen, uns am Einsteigen zu hindern. Doch der Herr hält Seine Hand über uns. Wir können den Wagen starten. Man gibt uns den Weg frei und wir können unbeschadet die Heimreise antreten.

Ein Problem bleibt noch: Der Dieselvorrat im Tank neigt sich dem Ende zu. Ein Glück, dass es auf dieser Seite der beschädigten Brücke ja noch eine Tankstelle gibt! Ein kleiner Umweg von vielleicht 10 Kilometern, und wir haben das Problem gelöst! Tatsächlich? Als wir gegen Abend dort ankommen, müssen wir hören, dass die Tankstelle vor wenigen Tagen geschlossen hat … wegen mangelnder Nachfrage. Was nun? Einer der Brüder weiß von jemandem, der etwa 30 km entfernt wohnt und ein Auto besitzt. Vielleicht hat er etwas Kraftstoff übrig?! Wir bitten den Herrn, uns noch bis dorthin gelangen zu lassen, bevor der Tank endgültig leer ist. Auf keinen Fall können wir länger in dieser verlassenen Gegend bleiben. Wenn erst einmal die Regenzeit begonnen hat, kommen wir hier nicht mehr raus!

Also geht's los. Wir erreichen den Ort, doch der Autobesitzer ist nicht zu Hause. Und niemand sonst weiß hier Bescheid. Aber 30 km weiter gibt's die nächste Gelegenheit. Ob es wohl bis dorthin noch reicht? Tatsächlich, noch immer rollt der Wagen, aber auch hier haben wir keinen Erfolg: Wir treffen zwar den Autofreund an, aber leider hat er keinen Sprit für uns übrig. Noch zweimal machen wir dieselbe Erfahrung, und schließlich erreichen wir in tiefer Nacht die Missionsstation – wir sind eine Strecke von etwa 150 km ohne zu tanken gefahren mit einem Tank, der eigentlich vollkommen leer sein müsste!! Am nächsten Morgen will ich den Motor wieder starten. Fehlanzeige. Kein Tropfen Sprit mehr im Tank!

»Ja, Du bist ein Gott, der Wunder tut! Glückselig der Mensch, der auf Dich vertraut!« (Psalm 77,14; 34,8)

Reise mit Hindernissen

Einige Monate später sind wir (unser Automechaniker Minko, ein anderer Bruder und ich) auf der hiesigen Seite der oben beschriebenen beschädigten Brücke unterwegs. Das Auto kommt gerade aus der Werkstatt – das Getriebeöl musste ausgewechselt werden – und wir machen unsere erste Fahrt. Wir sind vor etwa 40 Minuten von der Hauptstraße abgebogen und nähern uns der Brücke. Doch was ist das? Die Gänge lassen sich nicht mehr einlegen, lediglich der erste Gang funktioniert noch. Wir halten an. Bruder Minko legt sich unter den Wagen und taucht wütend wieder auf. »*Man hat vergessen, die Getriebeschraube wieder anzuziehen. Alles Getriebeöl ist ausgelaufen!*« – Können wir etwas tun? »*Nun, mit Seifenlauge müsste es auch gehen.*« Ein neuer Schreck: Der benötigte Schraubenschlüssel ist nicht im Wagen! Und wir stehen kurz vor der (unbefahrbaren) Brücke, d.h. es ist kaum damit zu rechnen, dass in den nächsten Tagen ein Auto vorbeikommt, das uns aushelfen kann. Außerdem ist es Samstagnachmittag, in etwa 2 Stunden beginnt das Fahrverbot für Lkw! Doch während wir noch überlegen, hören wir Motorengeräusch. Tatsächlich, ein Wagen nähert sich und hält an. Und er hat auch genau den Schlüssel bei sich, der für die Reparatur gebraucht wird! Minko läuft ins nächste Haus und besorgt sich die Seifenlauge.

Nach erfolgter Reparatur setzt er sich ins Auto, startet den Motor, legt den Gang ein – und mit einem Satz nach vorn kracht er ins Heck des Wagens unseres freundlichen Helfers, der sein Auto direkt vor das unsrige gestellt hat. Minko hat in seiner Freude über die gelungene Tat vergessen, die Motorhaube zu schließen und hinter der geöffneten Haube auch nicht mehr an den Wagen unseres Helfers gedacht …

Nun ist das Gezeter groß. »*Erst helfe ich euch mit meinem Schlüssel und warte geduldig, bis ihr fertig seid. Und zum Dank fahrt ihr mir noch das Auto kaputt!*« Der Mann ist nicht zu beruhigen. Eine Abfindung scheint ihn auch nicht zu interessieren. Nein, die Polizei muss her und sich alles ansehen. »*Und dann sehen wir weiter!*«

Jetzt ist guter Rat teuer. Bis zur nächsten Polizeistation in Am-

bam ist es weit. Und am Samstagabend sowieso keiner zu erreichen. Wenn wir Glück haben, vielleicht übermorgen – Montag.
Und auch das ist keineswegs sicher! Was sollen wir tun?

Der uns begleitende Bruder weiß Rat. Er wohnt nicht weit
von hier. Bei ihm zuhause gibt es mehrere Fahrräder; mit denen
könnten wir zumindest versuchen, vor Einbrechen der Dunkelheit die Hauptstraße wieder zu erreichen, den bekannten Kreu-
zungspunkt Meyo-Centre, wo normalerweise Lastwagen aufzu-
treiben sind. So lassen wir Minko mit dem Besitzer des beschädigten Wagens stehen und laufen den Weg zurück bis zur Hütte
unseres Bruders. Und richtig, dort stehen zwei Räder, für afrikanische Verhältnisse auch noch in einem brauchbaren Zustand …
Die Fahrt mit diesen vorsintflutlichen Vehikeln gestaltet sich jedoch nicht so einfach wie erhofft, so dass wir die Kreuzung erst
im Dunkeln erreichen. Glücklicherweise kennt mein Bruder den
Weg!

Jetzt beginnt der schwerste Teil dieser hindernisreichen Reise: Einen noch halbwegs nüchternen Fahrer zu finden, der mich
zurück zur Missionsstation bringen kann ist nicht einfach – immerhin ist eine mehrstündige Fahrt in der Dunkelheit kein Zu-
ckerschlecken! Wir suchen hin und her in den Spelunken, aus
denen uns überall Gegröle entgegendringt. Schließlich meldet
sich jemand, der allerdings die Reise benutzt, um noch etliche
der Einheimischen nach Hause zu befördern.

Die Wartezeit, bis alle Reisenden beisammen sind, will mir
schier endlos erscheinen. Endlich geht es los, und zwar in einem
Tempo, dass mir Hören und Sehen vergeht. Wie soll das nur en-
den?! Ich sitze vorne neben dem Fahrer, die anderen Gäste auf
der Ladefläche. Der Mann scheint auch nicht mehr ganz nüch-
tern zu sein! »Wissen Sie, dass gleich eine tiefe Querrinne kommt,
wo man nur ganz langsam ohne Schaden rüberfahren kann?« Ich hatte diesen Graben nur mit Mühe auf der Hinfahrt überquert, und
jetzt dieses unglaubliche Tempo! »Ach was, kümmern Sie sich um
Ihre eigenen Sachen. Ich weiß selber, was ich zu tun habe!« – Noch einige Minuten, dann taucht die Rinne im Scheinwerferlicht auf.
Kein Abbremsen, keinerlei Reaktion – mit Vollgas geht's hinein. Wir schleudern an die Decke, der Wagen landet im Straßen-

graben und bohrt sich tief in den Boden hinein. Aufgeschreckt durch den gewaltigen Lärm eilen Leute vom nächsten Dorf herbei. Ein munteres Palaver beginnt, was zu tun sei, um ihn wieder flott zumachen. Schaufeln werden herbeigeholt, doch nichts Ernsthaftes geschieht.

Ich überlege: Bis zur Station, wo meine Frau sicher schon unruhig auf mich wartet, sind es noch etwa 20 Kilometer. Das ist in vielleicht vier Stunden Fußmarsch zu schaffen. Ich bin zwar allein – mein Bruder ist inzwischen in sein Dorf zurückgekehrt – aber der Herr ist bei mir. Das ist mir Schutz genug. Ich teile dem Fahrer mit, dass ich allein weitergehe. Sollte es ihm aber gelingen, seinen Lkw noch vor Mitternacht wieder flott zu kriegen, dann möchte er mich doch bitte auflesen und zur Station bringen …

Und so geht's zu Fuß weiter. Nach etwa einer Stunde Marsch bemerke ich weit vorne eine Gruppe Männer auf der Straße. Sie stehen um einen Menschen herum, der regungslos am Boden liegt. Ich untersuche ihn flüchtig und stelle fest, dass er stockbetrunken ist. Schleifspuren zeigen, dass er nicht von alleine an diesen Ort gekommen ist. Offensichtlich hat man ihn auf die Straße gelegt, damit er dort von einem Auto überfahren werden sollte.

Während wir noch versuchen, die Nachbarn durch lautes Rufen zu wecken, höre ich in der Ferne ein bekanntes Geräusch: Der Lkw ist freigekommen und sammelt mich auf, um seinen Auftrag doch noch auszuführen. Doch wie sieht das gute Stück jetzt aus? Die linke Seite ist völlig demoliert, und auch die Front hat eine neue Form bekommen! Und der Fahrer erwartet, dass wir die Kosten für alles übernehmen. Fehlanzeige! Die Fahrt wird ihm bezahlt, den Rest muss er mit seinem Patron abklären!

Kurz vor Mitternacht schließt ein etwas müder junger Missionar seine überglückliche Ilse in die Arme. (Auf die Rückkehr Minkos mit unserem Landrover mussten wir übrigens noch eine gute Woche warten …)

»Ameisen, Ameisen, nichts als Ameisen!«

Es ist kurz vor Mitternacht den 10. November 1970. Meine Frau Ilse und ich liegen in tiefem Schlaf, zusammen mit Dorothee, unserem erst zwei Monate alten Töchterchen, das in seinem kleinen Kinderbett unter dem Moskitonetz schlummert. Da schreckt mich ihr klägliches Geschrei auf. Ich mache Licht und schaue mich um.

»Ameisen, Ameisen, nichts als Ameisen!«, rufe ich überrascht aus. Der ganze Boden ist übersät mit den kleinen Tieren. Hunderttausende mögen es wohl sein. Und die ersten haben schon das Moskitonetz über Dorothees Bettchen durchbissen und sitzen bereits auf den Augendeckeln unserer kleinen Tochter. Schnell reiße ich sie an mich und säubere sie von den Tieren. Noch keine einzige hat zugebissen. Dorothee ist völlig unversehrt.

Noch während ich damit beschäftigt bin, bemerkt meine Frau, wie unter der Tür, die zum Nebenzimmer führt, eine große Menge dieser gefährlichen kleinen Biester zu uns hereinkrabbelt. Oh weh, dort schläft ja unser älterer Sohn Marco. Wie mag es ihm wohl ergehen? Ob er überhaupt noch am Leben ist? Uns ist bekannt, wie schnell die attackierten Opfer durch die vielen an ihnen emporkrabbelnden Tiere erstickt werden, und dass es keinerlei Hilfe gibt, wenn man ihnen ausgeliefert ist! Deshalb sind sie überaus gefürchtet! Sobald ein solcher Ameisenzug irgendwo auftaucht, wird die ganze Gegend benachrichtigt, damit man sich rechtzeitig dagegen schützen bzw. in Sicherheit bringen kann. Nur dieses Mal hat die Urwaldtrommel wohl geschwiegen, so dass die Attacke völlig überraschend für uns kommt!

Ich überlasse Dorothee meiner Frau und eile nach nebenan. Und was sehe ich? Der Boden ist schwarz von Ameisen, wie mit einem dunklen Teppich überzogen. Nur um das Bett unseres Sohnes ist ein freier Raum gelassen in Form eines Hufeisens, und keine einzige Ameise ist auf das Bett hinaufgestiegen. Und doch waren sie offensichtlich schon früher in diesem Raum als bei uns! Ich reiße Marco an mich und eile zurück ins Schlafzimmer. Eine halbe Minute später betritt Ilse mit der Insektenspritze Marcos Zimmer, um gegen die Eindringlinge vorzugehen. Und was entdeckt sie? Das eben noch unberührte Bett ist übersät mit den kleinen Monstern ...

Ja, Gott hat seinen Engeln über dir befohlen. Du brauchst dich nicht zu fürchten selbst in der schrecklichen Nacht ... (Psalm 91)

Auch wir selber bleiben völlig unbehelligt, werden aber noch eine ganze Woche beschäftigt sein, um den Rest der Armee am erneuten Eindringen ins Haus zu hindern. Erst als wir ihre Königin finden und erledigen, lassen sie von uns ab und ziehen weiter.

Dieses Ereignis müssen wir wohl zu den erstaunlichsten Geschichten rechnen, die der Herr uns immer wieder erleben ließ. Allein wegen der Vielzahl der wunderbaren Bewahrungen. Es waren ja nicht nur unsere Kinder, die bewahrt blieben. Auch wir, meine Frau und ich, wurden wunderbar behütet. Normalerweise hätte ich garnicht bis ins Nebenzimmer gelangen können, ohne dass mich die Ameisen sofort überfallen und begonnen hätten, mich bei lebendigem Leibe aufzufressen. Nichts dergleichen geschah. Ich ging über die Tiere hin wie Petrus über das Wasser und konnte unbehelligt meinen Sohn aus dem Bette nehmen und forttragen. Ebensowenig wurde auch Ilse attackiert, als die mit der Insektenspritze gegen die Tiere vorging. Wie groß ist doch unser Gott, dass Er jede Einzelheit zu unserer Rettung bedachte. Das wurde uns allerdings erst sehr viel später bewusst.

Die Pygmäentaufe

An einer früheren Stelle habe ich erzählt, dass eines der Zeichen, um das ich den Herrn der Ernte gebeten hatte, die Möglichkeit zur Pionierarbeit war, d.h. ich wollte unter einem Stamm arbeiten, der noch nie vom Evangelium erreicht worden war. Und gerade auch diesen Punkt erwähnte der alte Missionar auf der denkwürdigen Fahrt von Köln nach Essen.

So bestehen bereits bei unserer Ankunft in Kamerun zwei Pygmäenschulen, die von Christen der umliegenden Bantustämme betreut werden, und einige dieser kleinen Zwergmenschen besuchen auch bereits zwei unserer dortigen ›Versammlungen‹. Und eines Tages ist es soweit: Die erste Pygmäentaufe soll stattfinden, und ich habe das Vorrecht, sie durchzuführen.

In der Begleitung einiger Mitarbeiter und unter großer Beteiligung der dortigen Geschwister bahnen wir uns einen Weg durch den Urwald zu einem kleinen Bach, der sich durch ein Tal schlängelt. Nach einer kurzen Ansprache führe ich den ersten Taufkandidaten ins Wasser, um ihn dort gemäß dem Befehl des Herrn ins Wasser einzutauchen und zu taufen ›auf den Namen des Vaters, des Sohnes und des Heiligen Geistes‹. Aber o weh! Er sträubt sich mit Händen und Füßen! Ob er Angst hat, von dem Missionar ersäuft zu werden, oder ob er einfach wasserscheu ist? Ich weiß es nicht, habe auch nicht viel Zeit, darüber nachzudenken. Was soll ich tun? Ich schaue mich um und bemerke, dass wenige Meter zu unserer Rechten das Bächlein aus etwa drei Meter Höhe auf unser Niveau herunterfällt, sich also ein kleiner Wasserfall just an unserer Taufstelle befindet. Vorsichtig bugsiere ich den Täufling dorthin. Schon ist er unter dem Strahl – vielleicht nicht so vollständig vom Wasser bedeckt, wie es eigentlich wünschenswert wäre – aber was soll's: Hauptsache unter Wasser und wieder lebend hervor! Auf diese Weise wagen es auch die übrigen Pygmäen, und noch lange wird man sich an diese denkwürdige Taufe erinnern …

Im Visier der Geheimpolizei

Im Jahr 1970 werden die ›Zeugen Jehovas‹ in Kamerun verboten. Im selben Jahr wird ein Umsturzversuch – angeblich vom katholischen Kardinal angezettelt – im letzten Moment verhindert. Das Verbot für die ›Orthodoxen Presbyterianer‹, sich in eigenen Kirchengebäuden zu versammeln, besteht weiterhin, weshalb eine nicht unerhebliche Zahl aus dieser Denomination unsere Zusammenkünfte besucht. Das macht uns bei der Geheimpolizei – dem Staatssicherheitsdienst – verdächtig. Spitzel haben überall im Land Hochkonjunktur. Und ein weißer Missionar, der ständig auf Reisen ist, Versammlungen hier und dort abhält, aber keine Registrierung vorweisen kann, ist da ganz besonders verdächtig …

So dringt eines Tages während einer Predigt, die ich in Akom II, einem größeren Ort zwischen Kribi am Atlantik und Ebolowa, der Hauptstadt des Südens, halte, der örtliche Chef der Geheimpolizei in den Versammlungsraum ein und verhaftet mich im Beisein der Zuhörer. Wie werden da manche Gesichter ängstlich und man kann geradezu auf ihnen lesen: *»Müssen wir jetzt alle zum Verhör?«* – Nun, ich werde alleine abgeführt, und die Menge zerstreut sich. Einige Brüder aber wollen mich nicht im Stich lassen. Und mit der Hilfe des Herrn gelingt es uns gemeinsam, unseren Geheimdienstmann zu überzeugen, dass er den Falschen verhaftet hat und die Regierung von mir wirklich nichts zu befürchten hat …

Kurze Zeit später in Kribi auf einem Mitarbeitertreffen. Eine mir fremde Person setzt sich zu den anderen in die Hütte. Man informiert mich: *»Achtung, Missionar, der Geheimdienst hört mit!«* Nun, was gibt es Besseres, als eine kleine Unterweisung über Römer 13 einfließen zu lassen – der Obrigkeit untertan sein und pünktlich seine Steuern zahlen. *»Denn es ist keine Obrigkeit außer von Gott.«* Der Mann ist zufrieden und wünscht uns alles Gute für unser Treffen.

Nicht lange danach bin ich tief im Busch unterwegs zu verschiedenen Predigtstellen. Ein Konvoi hält genau vor der Hütte, in der ich mich gerade aus dem Schlaf erhebe. Unsere ›geheimen Freunde‹ müssen etwas außergewöhnlich Dringendes mit dem Missionar klären. Also ab in die grüne Minna und hin zu ihrem Chef im fernen Ebolowa. Die Bitte um Aufschub und spätere Erledigung der Angelegenheit stößt auf taube Ohren. So setzt sich Minko ans Steuer unseres eigenen Gefährts, während ich unter besonderem Begleitschutz durch den Urwald chauffiert werde. Gegen Mittag dann Ankunft in der Provinzhauptstadt. Geduldiges Warten auf die ›Audienz‹. Dann Entwarnung. Wieder einmal alles nur ›heiße Luft‹. Wie gut zu wissen, dass unser Herr über allem steht. Und offensichtlich will Er mich das lehren, was mir am schwersten fällt: Geduld!

Raus aus dem Schlamassel – rein in den Schlamassel (auf der Polizeistation in Lolodorf)

Eine interessante – wenn auch zunächst wenig erfreuliche, aber dafür umso aufschlussreichere – Erfahrung mache ich auf einer Fahrt zu einem unserer Mitarbeitertreffen in Kribi. Wir befinden uns kurz hinter Lolodorf, einer von Deutschen während der Kolonialzeit gegründeten Siedlung, die jetzt von etwa 20.000 Menschen bewohnt wird. Vor uns steckt ein Lastwagen im Schlamm. Es gibt kein Durchkommen für uns. So bitte ich meine Mitarbeiter, tüchtig mitanzupacken und den Lkw aus dem Morast zu schieben. Während dieses Unterfangens packe ich meine Kamera aus und mache einige Erinnerungsphotos. Doch was ist das? Ein Mann in Uniform kommt wild gestikulierend auf mich zugerannt. Ob ich nicht weiß, dass Photographieren an dieser Stelle verboten ist?! Der Polizist riecht stark nach Alkohol, und seine Bewegungen wirken etwas unkoordiniert. Außerdem stottert er, was ihn aber umso aggressiver werden lässt, als ich ihn frage, woran dieses Photographierverbot denn zu erkennen sei. Er verlangt meinen Ausweis und weigert sich, ihn zurückzugeben. Aber ohne Ausweis kann ich nicht weiterfahren. Was tun? »Zurück zur Polizeistation in Lolodorf!«, raten mir die Brüder. Dort wird sich alles aufklären. Wir informieren den Polizisten über unsere Absicht und bitten ihn, uns zu begleiten. Da er sich weigert, fahren wir ohne ihn los. Im Rückspiegel sehen wir jedoch, wie er ein gerade ankommendes Buschtaxi zwingt umzukehren und uns zu folgen. Und in halsbrecherischem Tempo werden wir unterwegs überholt an einer Stelle, wo es für beide Autos keinen Platz mehr hat. So ziehe ich den Graben als vorübergehendes ›Parking‹ vor und beschließe, den Polizeichef später über das rüpelhafte Vorgehen seines Untergebenen zu informieren.

Angekommen auf der Polizeistation – es ist noch früh am Morgen und unser Treffen soll am späten Nachmittag beginnen – denke ich, dass die Angelegenheit mit ein paar Worten erledigt sein wird. Doch meine Mitarbeiter warnen mich: »Der Polizist ist aus demselben Stamm wie der Präsident der Republik. Den kann er nicht so einfach bestrafen. Der Präsident schützt seine Leute! …« Und tatsächlich: als ich den Chef auf den Alkoholspiegel seines Mitarbeiters hinweise, werde ich harsch angefahren. Was mir denn einfiele, einen Angehörigen der Polizei als Trinker zu bezeichnen. Das würde noch ernste Folgen für mich haben! – Und so lässt er mich erst einmal warten. Es wird Mittag. Dann Nachmittag. Schließlich – kurz vor Feierabend – lässt er sich noch einmal sehen. Er händigt mir die Papiere aus mit einem ernsten Verweis, nicht noch einmal an so exponierter Stelle zu photographieren, »*denn*,« fügt er hinzu »*ihr Europäer macht euch nur lustig über uns, wenn ihr solche Bilder zeigt und damit dokumentieren wollt, wie rückständig wir hier in Kamerun sind*«. (Wobei er natürlich nicht ganz Unrecht hat!) Kein Wort mehr über seinen Untergebenen, der uns beim Verlassen der Polizeistation noch einmal über den Weg läuft, sichtlich zufrieden mit seiner Mission, es dem Weißen einmal gezeigt zu haben.[12] Inzwischen ist es leider zu spät zur Weiterfahrt. Wir übernachten bei Freunden und erreichen unser Ziel am nächsten Tag.

Ein interessanter Besuch

In diese Zeit fällt auch ein interessanter Besuch von zwei ›Pfingstbrüdern‹, die uns bitten, die gesamte Pfingstbewegung im südwestlichen Kamerun in unsere Brüderbewegung zu integrieren. Noch weiß ich nicht, welche Folgen das für mich persönlich als auch für die Mitarbeiter haben sollte, mit denen ich bisher die Betreuung der etwa 30 Versammlungen und Predigtstellen durchgeführt habe. Ich stimme ihrem Ansinnen zu, mache aber auch darauf aufmerksam, dass das in unseren Versammlungen praktizierte ›Allgemeine Priestertum‹ eine gewisse Änderung ihrer Gebetshäuser notwendig machen würde und vor allem das von ihnen praktizierte ›Zungenreden‹ einer biblischen Überprüfung bedürfe. – Wie erstaunt bin ich festzustellen, dass meine beiden Besucher durchaus damit einverstanden sind und

---

12 Heute, 35 Jahre später, kann ich die Wut mancher Afrikaner besser verstehen, nach allem, was ihnen die Weißen in der Vergangenheit angetan haben.

mir bei anderer Gelegenheit auch weitere Auskünfte über ihre Art des Zungenredens geben. Da wurde keineswegs in fremden Sprachen geredet, sondern vor allem sprach man in der Sprache der Schlangen (zischen) und der Vögel (zwitschern wie die Vögel) und ähnlichen eigenartigen Artikulierungen. Der nicht überprüfbaren Interpretation war damit Tür und Tor geöffnet ... Sie sind selber erstaunt, wie sie so lange in diesem Irrtum verharren konnten, und dankbar, nun von der Bibel allein die rechte Antwort für ein gottgemäßes Leben zu erhalten. So war zumindest ihre Erwartung. Ob wir dem tatsächlich gerecht geworden sind, weiß allein der Herr. Ich für meinen Teil glaube heute, dass ich damals viel zu schnell auf ihre Bitte eingegangen bin und diese Verbindung deshalb auch nicht von Dauer sein konnte ...

Mitarbeiterschulung

Meine damaligen Aufgaben bestanden u.a. in der Überwachung unserer zwei Pygmäenschulen und der Primarschule auf dem Missionsgelände, der Aufsicht über die Krankenstation, Verbreitung von Bibeln und sonstiger christlicher Literatur im südlichen Kamerun, Betreuung bestehender und Gründung neuer Gemeinden, Übersetzungen in die Boulousprache und anderes mehr.

Die Ausweitung des Werkes macht mir deutlich: Die Arbeit kann nur bewältigt werden, wenn die Anzahl der Mitarbeiter wächst und vor allem ihre geistlichen Gaben gefördert werden. So beginnen wir mit unseren ersten Mitarbeitertreffen, bei denen wir biblische Themen systematisch erarbeiten und die Teilnehmer anschließend den gesamten Stoff in konzentrierter Form noch einmal schriftlich erhalten. Und damit geht es dann in die verschiedenen Gemeinden, um das so Erlernte auch den zu Hause gebliebenen Geschwistern und Freunden mitzuteilen.

Dieser Dienst, der zunächst von mir allein durchgeführt wird, sollte sich später noch als sehr hilfreich beim Aufbau der Fernbibelschule erweisen, in die uns der Herr nach unserer Rückkehr aus Kamerun im Jahre 1972 stellte.

In diese Zeit fallen auch – wir befinden uns immer noch im Jahre 1970 – die ersten kleineren Übersetzungen in die Boulousprache. Dabei überrascht es mich, mit welchem Eifer meine afrikanischen Mitarbeiter zur Sache gehen. Offensichtlich sind sie es nicht gewohnt, dass man ihnen in dieser Hinsicht etwas zutraut ...

Besonders dankbar bin ich in dieser Zeit für diesen teilweise enormen Einsatz unserer afrikanischen Mitarbeiter auch aus einem ganz anderen Grund: Die Müdigkeit, mit der ich schon länger zu kämpfen habe – eigentlich schon seit meiner sprachlichen Ausbildung in der französischen Schweiz – nimmt mittlerweile beängstigende Ausmaße an. Ich habe so wenig Kraft in den Gliedern, dass ich über ein halbes Jahr lang noch nicht einmal im Stehen predigen kann. Während ich sitzend die Botschaft verkündige, muss ich noch zwischendurch Herztropfen nehmen, um überhaupt ›über die Runden‹ zu kommen! Wie soll das noch weitergehen? Daher ist es mir eine große Erleichterung, dass meine einheimischen Brüder mehr und mehr ihre Aufgaben erkennen und mir manches abnehmen können.

Schwierigkeiten

Das bereits mehrfach erwähnte ältere Missionsehepaar hat uns nur etwa vier Monate anleiten können. Dann müssen sie wegen gesundheitlicher Probleme wieder die Heimreise antreten. Ihre Tochter folgt ihnen kurze Zeit später, so dass wir uns nach acht Monaten allein (mit Marco, unserem Ältesten, und der dann in einem Urwaldkrankenhaus geborenen Dorothee) auf der Missionsstation befinden. Wie gut, dass wir nicht alleine sind! Und wenn uns auch in der Folgezeit – infolge eigenartiger Gerüchte – manch böser Brief aus der Heimat erreicht, so wissen wir uns im Herrn geborgen. Auch als infolge besagter Gerüchte unsere Unterstützung eingestellt wird, möchten wir die Erfahrungen dieser Zeit, wo das Geld knapp wird, nicht missen. Gerade da hat sich gezeigt, wie wunderbar der Herr die Seinen versorgt – manches Mal sogar durch anonyme Spender – und immer wieder zur rechten Zeit gerade das gibt, was benötigt wird. Wie dankbar bin ich gerade jetzt für meine Frau, die mir treu zur Seite steht und nicht wankend wird im Hinblick auf den uns vom Herrn aufgetragenen Dienst. Auch was die oben erwähnten Gerüchte angeht, hilft uns der Herr hindurch. Als später Brüder aus Deutschland kommen, um Nachforschungen anzustellen, können wir beweisen, dass ihre Befürchtungen grundlos sind.

All das hat zu schweren gesundheitlichen Schäden bei uns beiden geführt, so dass zunächst Ilse und einen Monat später auch ich selber einen vorgezogenen Heimaturlaub antreten müssen.

Wieder zu Hause

Im März '71 finden wir uns wieder in der Heimat. Die Familie ist um eine Person gewachsen. Zu Marco hat sich ja inzwischen die kleine Dorothee gesellt, die allerdings bei ihrer Ankunft in Deutschland in äußerste Lebensgefahr gerät, weil die Ärzte eine tropische Malaria nicht richtig diagnostizieren. Im letzten Augenblick wird das Problem erkannt, und Dorothee kann noch durch einen Totalblutaustausch gerettet werden.

Während unseres Heimataufenthaltes erleben wir Dinge, die unserem Leben eine ganz neue Richtung geben werden. Die zum Teil recht schmerzlichen Ereignisse binden uns immer stärker an den, der in allem versucht worden ist wie wir, und der uns deswegen auch am besten verstehen kann. Das Fragen nimmt zu: Sind wir wirklich am rechten Platz? Können wir den Weg so weitergehen wie bisher, getrennt von solchen, die den Herrn ebenfalls von Herzen lieben? Die Ihm zwar in einer anderen Weise dienen, als wir es gewohnt sind, die aber offensichtlich doch unter Seinem Segen stehen?!

Ein heilsamer Schock – die große Wende

Wir haben bohrende Fragen, aber zunächst noch keine klare Antwort. Da nimmt sich der Herr in Seiner Gnade unser an.

Infolge der etwas unfreiwilligen Verlängerung unseres Heimataufenthaltes haben wir uns eine Wohnung gesucht und landen in Enkeln bei Kürten im Bergischen Land in einem Örtchen, das nur aus sechs Häusern besteht. Im Haus unseres Nachbarn findet von Zeit zu Zeit ein sogenannter Hauskreis statt, zu dem er mich eines Tages einlädt. Nach einigem Zögern sage ich zu und finde mich eines Abends zusammen mit Christen aus der Landeskirche, von den Baptisten und den sogenannten ›Freien Brüdern‹ wieder. Es wird ein wundervoller Abend. Und ich merke ganz deutlich: Auch mein Herr Jesus Christus ist hier zugegen! Es gibt keinen Zweifel: **Er ist hier, mitten unter uns. Wir sind tatsächlich versammelt in Seinem Namen!**

Da fällt es mir wie Schuppen von meinen Augen: All die Probleme, denen ich in letzter Zeit begegnete und die mich so verwirrten, haben sie nicht alle ihre Ursache in dieser Haltung, die wir nun schon über mehr als einhundert Jahren pflegen? Wir halten uns für den ›gläubigen Überrest‹, wir, die wir uns für ›weggereinigt‹ halten von den ›Gefäßen zur Unehre, um dem Hausherrn nützlich zu sein‹ (nach 2Tim 2,20f). Haben wir denn völlig das Wort des Herrn vergessen, dass Er den Hochmütigen widersteht, aber dem Demütigen Seine Gnade erweist (1Petr 5,5)?

Ich bin fassungslos. Wie konnte ich so blind sein nicht zu erkennen, was unser Herr auch in anderen Kreisen Großes bewirkt – und oft mehr als bei uns!

Als ich nach der Stunde nach Hause komme, erzähle ich meiner Frau sofort von dem Erlebten. Sie gibt mir Recht: Nur auf dem Weg der Beugung und Buße können wir hoffen, dass sich der Herr unser noch einmal annimmt und auch unserem gesamten Kreis eine neue Chance gibt!

Doch in der folgenden Zeit zeigt sich, dass der Ruf zur Umkehr nur wenig Gehör findet. Und nur vier Monate später wird uns mitgeteilt: »*Ihr seid aus der Gemeinschaft der Kin-*

der Gottes ausgeschlossen!«[13] Und eine Welt bricht für uns zusammen ...

Doch mir wird noch am gleichen Tag klar: du kannst den Dienst, den du vom Herrn empfangen hast, nicht einfach aufgeben. *Verlass dich auf den Herrn von ganzem Herzen, und verlass dich nicht auf deinen Verstand!* Und wenige Wochen später bin ich wieder zurück auf meinem Missionsfeld.

Wieder in Kamerun – allein in der Dunkelheit

Seit Stunden gehen die Trommeln. Es ist gleich Mitternacht. Im Juli 1972 sitze ich im Missionshaus in Nko'emvon und lausche nach draußen. Dieses Geräusch kenne ich zur Genüge. Auch damals, bei dem ersten Angriff kurz nach unserer Ankunft, fing es so an. Ist nun ein weiterer Angriff geplant? Hat der Hausverwalter deshalb alle Schlüssel mitgenommen? Und hält sich darum seit Anbruch der Nacht niemand mehr auf der Station auf?

Ich blicke zurück. Es ist erst einen Monat her, dass mich die niederschmetternde Nachricht in Kürten erreichte. Am selben Tag macht der Herr mir klar: »*Schau nicht zurück auf das, was du verlierst. Schau auf mich, ich bin dir ein sehr großer Gewinn! Was auch kommen mag, ich bin bei dir! Ich verlasse dich nicht, auch wenn Freunde und Verwandte dich verlassen. Du bist nicht allein.*«

So fahre ich noch am gleichen Tag nach Köln und buche eine Flugreise nach Kamerun. Die Mitarbeiter dort warten auf mich. Ich darf sie nicht im Stich lassen!

Minko holt mich am Flughafen ab. Im ›Hässlichen Entlein‹[14], das wir kurz vorher von zwei katholischen Nonnen erworben haben, geht's nach Nko'emvon. Ich erkläre dem Missionspersonal die Situation. Sie wollen verständlicherweise weiter mit der Mission arbeiten; sind auch bereits über die erfolgte Trennung unterrichtet und begegnen uns in etwas distanzierter Haltung. Aber sie haben nichts dagegen, dass ich unsere persönlichen Sa-

---

13 Gemeint ist damit natürlich die Gemeinschaft der Kinder Gottes in der Gemeindebewegung, der wir seit unserer Kindheit angehört hatten.

14 2CV – kleines französisches Auto,in den 60er Jahren besonders bei Studenten beliebt.

chen aus dem Gebäude ausquartiere und bei einem Freund im nahegelegenen Dorf unterstelle. Während wir damit beschäftigt sind, hält plötzlich ein Auto vor mir auf der Straße. Zwei meiner ehemaligen Mitarbeiter und ein dritter Mann steigen aus und kommen auf mich zu. Einer der beiden Bekannten deutet auf mich und ruft: »*Das ist er!*« Und der Chef der Geheimpolizei persönlich – er ist der dritte Mann – verhaftet mich auf offener Straße. Ich werde der ›subversiven Tätigkeit‹ beschuldigt und in Schutzhaft genommen. Auf mein Ehrenwort hin darf ich im Missionshaus bleiben, bis weitere Order erfolgt. Das Haus zu verlassen ist mir bei strengster Strafandrohung verboten.

Was soll ich tun? Minko bietet sich an, in die Hauptstadt zu reisen. Der oberste Chef der Geheimpolizei sei sein Vetter, und da könne er sicher schnell dieses ›Missverständnis‹ aufklären. Ich bin einverstanden, und so nimmt er das Auto und verschwindet.

Das war heute morgen. Und nun sitze ich hier allein und verlassen, während das Getrommel immer lauter wird und bedrohlich an meine Ohren klingt. Wäre es nicht ratsamer, die Nacht draußen, im Schutz der Dunkelheit, irgendwo im Wald zu verbringen? Doch wie würde der Name meines Gottes entehrt, wenn meine Feinde erführen: Er hat sich davongeschlichen. Er hat Angst gehabt! – Nein, ich will hier bleiben und dem vertrauen, der schon so oft bewiesen hat, dass Ihm nichts unmöglich ist. Und dass Er die Herzen der Menschen lenkt wie Wasserbäche!

Ich bete – werde ruhiger – lausche weiter und merke, wie der Lärm nachlässt. Um Mitternacht ist es tatsächlich ruhig im Dorf, die Trommeln sind verstummt, nur noch die gewöhnlichen Urwaldgeräusche klingen an mein Ohr. In meinem Herzen wird es ebenfalls ruhig. Ich weiß: Er wacht über mir. Ihm darf ich mich auch für den Rest der Nacht anvertrauen. Und in diesem Bewusstsein schlafe ich endlich ein.

Am späten Nachmittag des folgenden Tages kommt Minko zurück. Sein Vetter hat Entwarnung gegeben, und der örtliche Geheimdienstchef lässt mich gehen. So kommen wir noch rechtzeitig zum Mitarbeitertreffen in Akom II, wo bis auf wenige Ausnahmen alle Mitarbeiter versammelt sind, um über die neue Situation – Missionar und Mission gehen getrennte Wege – aufgeklärt zu werden. Und hier erlebe ich etwas, das ich nicht für möglich gehalten hatte. Nachdem ich den Brüdern deutlich gemacht habe, dass ich ihnen nichts an weltlichen Gütern, Ehre oder Ansehen versprechen kann, und dass Not und Verfolgung auf uns warten, wollen nur drei von ihnen weiter mit der Mission gehen. Alle anderen Mitarbeiter (etwa 25) ziehen es vor, den neuen Weg der Gemeinschaft mit allen wahren Kindern Gottes zu wählen. Auch nachdem ich die Entscheidung eines jeden einzelnen auf Tonband aufnehme, bleibt es dabei. Einige werden sogar ungehalten: Wie kann ich nur denken, dass Geld und andere Annehmlichkeiten bei ihnen eine Rolle spielen könnte ... Ich bin zutiefst gerührt. So war doch nicht alles vergeblich! Und ich hoffe, dass den guten Worten auch entsprechende Taten folgen!

Begegnung mit dem Kardinal

Ich stehe an der Reling der katholischen Diözese in Douala und blicke hinunter auf den Hafen. Neben mir steht der Kardinal von Kamerun. Er erkundigt sich nach diesem und jenem, und sehr schnell weiß er, aus welcher ›Ecke‹ ich komme – und spricht von da an wie einer unserer ehrwürdigen Brüder ... Geradezu frappierend, wie er die ›Sprache Kanaans‹ beherrscht! – Ich sollte mich später noch manches Mal an dieses Gespräch erinnern, wenn ich mit katholischen Würdenträgern zu tun hatte. Und auch daran, dass Gott auch unter ihnen noch ein großes Volk für Seinen Namen hat!

Wie ist es nun dazu gekommen? Nach dem Mitarbeitertreffen in Akom geht's noch hin und her im Land. Auch mit den ehemaligen Pfingstlern muss noch einiges geregelt werden, da ein Teil wieder zu ihren alten Überzeugungen und Praktiken zurück möchte. Schließlich kommt der Tag der Ausreise. Ich bin schon durch die Zollkontrolle am Flughafen hindurch, als mir jemand von hinten auf die Schulter tippt. Ach ja, mein Freund von der Geheimpolizei! Offensichtlich ist man hier noch nicht davon unterrichtet, dass der im vorigen Abschnitt beschriebene Haftbefehl inzwischen aufgehoben wurde. So darf ich noch einmal in Schutzhaft, dieses Mal bei den Katholiken. Dort ist gerade ihr Chef zu Gast, der Kardinal. Wir speisen zusammen und es kommt zu dem oben geschilderten Gespräch. Wenn ich daran denke, wie verpönt die katholische Kirche nach dem gescheiterten Umsturzversuch zwei Jahre zuvor in Kamerun war, kann ich nur staunen, dass ich ausgerechnet zu ihnen gebracht wurde!

Der Dienst weitet sich aus

Nach geglückter Rückkehr nach Deutschland fragen wir uns: Sollen wir weiter allein mit der eigenen Familie das Brot brechen? Oder sollen wir versprengte Gläubige sammeln und eine neue Bewegung gründen? Oder gibt es nicht schon Kreise und Gemeinschaften, denen die Tatsache der **einen** Herde und des **einen** Hirten genauso am Herzen liegt wie Ilse und mir? Der Auslöser unserer jetzigen Probleme war doch gerade ein solcher Hauskreis gewesen, wo sich Christen aus den unterschiedlichsten Gemeinden trafen und zum Namen des Herrn Jesus zusammenkamen. Und Er offensichtlich in der Mitte war!

Nun, was liegt näher, als die Gemeinde einmal kennenzulernen, zu der sich unser Nachbar hält. Und so kommen wir in Kontakt mit der ›freien Brüdergemeinde‹ in Refrath. Erste Gespräche verlaufen vielversprechend, der Eindruck wird stärker und schließlich zur frohen Gewissheit: Hier ist unsere neue geistliche Heimat. Die (kurze) Zeit der Einsamkeit, sonntags allein mit unseren ersten drei kleinen Kindern im Wohnzimmer, ist nun vorbei. Die Geschwister der Refrather Gemeinde nehmen uns liebevoll auf. Einer der dortigen im ›vollzeitlichen Dienst‹ stehenden Brüder, Karl Thewes, bemüht sich mit großer Hingabe, mich in die umliegenden Versammlungen einzuführen, was u.a. dadurch geschieht, dass er mich des Öfteren mit auf seine Vortragsdienste nimmt.

In diese Zeit fallen auch meine ersten Kontakte mit der Gemeinde in Langenberg und den dortigen Brüdern Waldemar Murjahn und Horst Deichmann, dem bekannten Schuhhändler. Das geschah so: Infolge eines ersten Besuches bei Bruder Waldemar in Mettmann werde ich zu einem Missionsabend im Hause Deichmann eingeladen, wo sich die Langenberger Gemeinde Mittwochs zum Gebet und zur ›Wortbetrachtung‹ trifft. Ich erzähle ihnen von der Situation in Kamerun, von den vielen einheimischen Mitarbeitern, die unter größten Mühen das Evangelium weitertragen, und die ich gerne weiter unterstützen möchte mit den Mitteln, die der Herr mir zur Verfügung stellt. Erregt springt Bruder Deichmann nach dem Vortrag in die Höhe: »*Den Mann können wir doch nicht im Stich lassen! Ich beteilige mich sofort mit … DM an der Unterstützung der Mitarbeiter.*« Die Versammlung will sich ebenfalls nicht lumpen lassen, und die Unterstützung für insgesamt 25 Mitarbeiter wird uns an diesem Abend zugesagt. Das ist die gesamte Mitarbeiterschar, die wir zum damaligen Zeitpunkt in Kamerun zu versorgen haben! Welch wunderbare Antwort unseres Herrn!

Nur wenig vorher hatten meine Frau und ich Ihn gebeten, uns den Glauben zu schenken, niemals etwas in finanzieller Hinsicht von Menschen zu erbitten, sondern alles allein von Ihm zu erwarten. Das wird auch von Georg Müller in dem Buch ›Niemals enttäuscht‹ berichtet. Dieser Lebensbericht beeindruckte mich zutiefst und leitete mich zu der Überzeugung, dass Ähnliches auch heute noch möglich sein muss. Denn wenn auch die Umstände sich ändern, unser Herr bleibt derselbe, gestern, heute und in Ewigkeit. Und auf Seine Verheißungen ist Verlass, in jeder Lage und unter allen Umständen. Meine Frau Ilse und ich dürfen es bis heute froh bezeugen: Er hat uns noch nie verlassen und immer dafür gesorgt, dass uns niemals etwas an dem Allernotwendigsten gemangelt hat, auch wenn es manchmal recht eng wurde. Und wenn wir nicht mehr weiter wussten, dann hat Er uns immer wieder daran erinnert, dass Sein Ohr nicht zu schwer ist, um zu hören, und Seine Hand nicht zu kurz, um zu retten, und hat uns ermuntert, niemals auf Menschen zu vertrauen, sondern auf **Ihn allein**!

Unsere Verlegenheiten sind Seine Gelegenheiten

Wir besitzen zu dieser Zeit eine kleine Offsetmaschine, auf der wir unseren ersten Bibelkurs drucken mit dem Titel: »Antwort auf zweimal sieben Fragen«.

Der Erwerb dieser Maschine fällt noch in die Zeit meiner Zusammenarbeit mit Wolfgang Bühne, mit dem mich eine langjährige Freundschaft verbindet, die schon in unserer Jugendzeit begann. Manchmal schmiedeten wir nächtelang Pläne für die Zukunft ... So teilte Wolfgang mir auch seinen Wunsch mit, einmal christliche Literatur zu erschwinglichen Preisen herausgeben zu können. Der erste Schritt dazu sollte nun die Herausgabe einer Jugendzeitschrift mit dem Titel ›Fest und Treu‹ sein, die er – wenn möglich – auch gerne selber drucken würde. »*Und was hindert dich daran?*« frage ich ihn. »*Das Geld,*« ist seine Antwort, »*ich habe kein Geld dafür.*« Ich erkundige mich, was man mit einer solchen Maschine machen kann. Als er davon spricht, dass auch Traktate damit gedruckt werden können und natürlich auch der Bibelkurs, an dem ich gerade arbeite, ist mein Entschluss gefasst. »*Was hältst du von einer Arbeitsteilung? Ich bezahle die Maschine, und du druckst mir dafür den Bibelkurs?! Du weißt ja, dass ich zwei ›linke Hände‹ habe; aber so ist uns beiden geholfen.*« – Gesagt, getan. Er kauft die Maschine, und neben den ersten Nummern für seine Jugendzeitschrift druckt er auch die ersten sechs Ausgaben für meinen Bibelkurs.

Doch dann kommt die Trennung von den Geschwistern, von der ich oben berichtete. Wolfgang sieht seinen Weg weiter bei den ›Brüdern‹, will aber die von mir bezahlte Maschine unter keinen Umständen behalten. »*Ja, was soll ich denn damit anfangen. Du weißt doch, wie ungeschickt ich bin!*« Nun, warum nicht einen Kurzlehrgang bei ihm machen. Herstellung der Druckplatten und Offestdruck, alles an einem Tag. Und das Wunder geschieht: Ich, der ich im praktischen Bereich völlig unbegabt bin (meine Frau hat schon Angst um mich, wenn ich einen Nagel in die Wand schlagen soll), bin nun ohne weitere direkte Anleitung, lediglich mit einem Handbuch versehen, in der Lage, die

Druckplatten herzustellen und anschließend damit zu drucken! Und das Ergebnis ist sogar lesbar ...

Als wir mit unserer kleinen Offsetmaschine beginnen, bekommen wir Besuch von einem uns bis dahin völlig unbekannten Bruder aus Hückeswagen mit Namen Johannes. Er unterbreitet mir folgenden Vorschlag: »*Martin, ich habe da eine Zeitschrift, die in Verbindung mit dem Auswärtigen Amt herausgegeben und in ganz Afrika in Englisch und Französisch verbreitet wird. Darin möchte ich gern eine Evangeliumsanzeige in Englisch veröffentlichen. Könntest du nicht dasselbe in Französisch tun?*« Kaum hat er ausgeredet, ist mir auch schon klar: Das ist vom Herrn! Bisher gehen meine Bibelkurse nur nach Kamerun. Doch warum nicht auch andere Länder bedienen, falls sich auch dort Interesse zeigen sollte? Und so schreibe ich meine erste Anzeige: »*Sind Sie bereit, Gott zu begegnen? Wenn Sie mehr darüber wissen wollen, schreiben Sie an Missionar Martin Vedder, Kürten, Enkeln, Deutschland. Und Sie erhalten gratis den ersten Bibelkurs zugesandt.*« Gespannt warten wir in den nächsten Wochen und Monaten auf Antwort, jedoch nicht lange: Aus insgesamt 12 Ländern erhalten wir Zuschriften von Menschen, die mehr erfahren wollen von der Bibel und dem Namen, der den Menschen gegeben worden ist, in dem wir errettet werden müssen.

All diese Menschen beginnen eifrig mit dem (Fern-) Studium von Gottes Wort. Die ersten sechs Lektionen sind bereits übersetzt und gedruckt, und es dauert nicht lange, dass die ersten nach der siebten Lektion verlangen. Doch die lässt leider auf sich warten!

Warum? Nun, in der Zwischenzeit sind die Ereignisse eingetreten, die ich vorhin schilderte, und meine Übersetzerin kündigt mir kurzerhand ihren Dienst auf. Wie soll es jetzt weitergehen? Die Bibelschüler warten, aber kein Übersetzer ist in Sicht.

Das ist genau die Zeit, in der uns die Langenberger Geschwister ihre Unterstützung zusagen. Und sie bringen mich auch in Verbindung mit einem Naturwissenschaftler, der kurz vorher zu ihnen gestoßen ist: Dr. Joachim Scheven, damals wohnhaft in Essen. Ihm erzähle ich von meiner Not, und er weiß die Antwort. »*Ja, kennen Sie denn die Emmaus-Fernbibelschule nicht? Ich bin da-*

durch zum Herrn geführt worden und habe auch die wahre biblische Taufe auf diesem Wege kennengelernt.« Ich habe noch nie davon gehört! Und doch gilt sie als die größte Fernbibelschule der Welt. Er zeigt mir einige englische Kurse, die ich mitnehme und näher anschaue. Die sind ja viel besser als mein unvollendeter! Da bleibt nur noch die Frage: Gibt's das auch in Französisch? Und wenn ja, wie bekomme ich die Lizenz dafür?

Dr. Scheven bringt mich in Verbindung mit Gary Engler, einem kanadischen Bruder, der sich seit kurzem in Deutschland aufhält und versucht, die Emmaus-Kurse hierzulande einzuführen. Er wohnt in Bergneustadt. Wir treffen uns, und über ihn komme ich in Kontakt mit den Verantwortlichen der Kurse in Frankreich, Afrika und den USA. Es dauert nicht lange, bis die Einwilligung vorliegt, sie zunächst in Kamerun zu benutzen. Später folgen andere Länder und auch die Erlaubnis, sie mit unseren eigenen Mitteln nachzudrucken, bis wir die Emmaus-Kurse schließlich in allen französischsprachigen Ländern weltweit mit Ausnahme Frankreichs einsetzen werden. – Aber bis dahin ist es noch ein langer Weg! Darüber später.

Mit der ›Holzhammermethode‹ unterwegs (3. Kamerunreise im April/Mai 1973)

Inzwischen ist es April 1973. Eine weitere Reise nach Kamerun steht an; dieses Mal zusammen mit Dr. Scheven[15], der sich auf dieser Tour einige noch fehlende Exemplare für seine Faltersammlung besorgen möchte und bei dieser Gelegenheit als ›Monsieur Schmetterling‹ im südlichen Kamerun bekannt werden sollte …

Mitarbeiter hatten mir vor einiger Zeit bereits mitgeteilt, dass der Bruder, der unser ›Hässliches Entlein‹ verwahren sollte, des

---

15 Dr. Joachim Scheven wurde später vor allem durch seine Karbonstudien bekannt und seine interessanten Erklärungsversuche, anhand der Sintflut die Evolutionstheorie zu widerlegen. Mit ihm als erstem vollzeitlichen Mitarbeiter wurde Anfang der 80er Jahre die Studiengemeinschaft ›Wort und Wissen‹ gegründet, deren wissenschaftliche Publikationen sehr vielen ein große Hilfe geworden sind.

öfteren eigenmächtige Fahrten damit unternahm, die u.a. auch zu einem schweren Unfall geführt hatten. Darum kündigen wir ihm unsere Ankunft nicht an und überraschen ihn, als er gerade dabei ist, das Fahrzeug für eine weitere Tour fertigzumachen. Er ist nicht sehr erfreut, uns zu sehen, händigt uns aber ohne Zögern den etwas lädierten, aber fahrtüchtigen Wagen aus, der uns in den folgenden Wochen treue Dienste tun wird.

Monsieur Schmetterling muss früher wieder heim; ich selber habe noch eine Woche länger im Land zu tun. Deshalb bringe ich ihn nach Kribi, von wo er die Heimreise antreten wird[16]. Während ich das Fahrzeug einparke, habe ich plötzlich das Steuer in der Hand! Die Lenkstange hat sich aus ihrer Verbindung gelöst, das Auto ist manövrierunfähig. Nicht auszudenken, wenn das eine Stunde vorher auf der engen Passstraße geschehen wäre mit ihren schwindelerregenden Schluchten rechts und links der Straße … Der Mechaniker erklärt uns, dass der Wagen offensichtlich vor nicht allzu langer Zeit einen schweren Unfall hatte und dies eine Folge davon sei. Er kann die gebrochene Stelle auch nur notdürftig schweißen und rät mir, immer einen Hammer neben mir liegen zu haben, um dem Steuer bei Bedarf einen kräftigen Hieb zu versetzen. Mit dieser ›Holzhammermethode‹ komme ich tatsächlich noch einige hundert Kilometer weiter, lande zwischendurch auch einmal im Straßengraben (zu spät zugeschlagen!), bis ich dann ein paar Tage später noch eine Panne ganz anderer Art erlebe.

Es geschieht auf der Fahrt von der Hauptstadt Yaoundé nach Mbalmayo, der nächstgrößeren Stadt in südlicher Richtung, etwa 60 km von Yaoundé entfernt. Dort möchte ich uns ein Haus mieten, um demnächst mit der ganzen Familie zurückzukommen und die begonnene Missionsarbeit in einem etwas veränderten Rahmen fortzusetzen. Meine Frau und ich dachten nämlich, dass es unsere Aufgabe sei, gemeinsam mit unseren etwa 25 Mitarbeitern den Dienst unter den Boulous (und vielleicht auch den benachbarten Stämmen, den Bassas und Bamilekes) zu tun,

---

16 Wir waren mit Quelle-Reisen unterwegs, und von Kribi, dem Urlaubsort am Atlantik, wurden die Reisenden mit einem kleineren Flugzeug nach Douala geflogen.

allerdings nicht von Nko'emvon, sondern von Mbalmayo aus, das immer noch nahe an unserem Betätigungsfeld liegt.

Das ›Entlein‹ ist in guter Form. Hurtig geht es über die einzige asphaltierte Straße des Südens, und schnell ist die Stadt erreicht. Nun im Schritttempo weiter, der Hausbesichtigung entgegen. Plötzlich kracht es laut, und wir sitzen auf der Straße. Die Aufhängung der Hinterachse ist gebrochen! Und wenige Minuten vorher hatten wir noch über 100 km/h drauf …

Zum Glück liegen wir direkt vor einer Autoreparaturwerkstatt. Und der Inhaber ist sogar ein Deutscher! Er kann den Wagen noch am gleichen Tag reparieren und wir können die Reise fortsetzen.

Gastfreundschaft der besonderen Art – Verhaftung und Verschleppung

Wir müssen nämlich noch einmal in den Süden: Der Präfekt der Südprovinz ist am Kauf unseres Wagens interessiert und lädt mich zum 1. Mai zum Mittagessen ein. Aber vorher muss ich noch unsere Mitarbeiter in der Nähe der Gabuner Grenze aufsuchen. Als ich Ambam[17] passiere, erreicht mich eine Botschaft vom dortigen Unter-Präfekten: Ich soll ihn unbedingt in seinem Amtssitz aufsuchen. Dort präsentiert er mir einen Haftbefehl – der deutsche Missionar Martin Vedder sei sofort zu verhaften und mit drei Mann Polizeieskorte nach Douala zu bringen. Ich kann den Mann beruhigen. Der Befehl stammt sicher noch vom letzten Jahr – ich erzähle ihm kurz von meinem Aufenthalt bei den Katholiken in Douala – und man hat offensichtlich vergessen ihn zu unterrichten, dass die Sache inzwischen erledigt ist. (Zu diesem Zeitpunkt glaubte ich wirklich, dass es sich so verhielte!) Der Mann ist zufrieden und wünscht mir weiter ›Gute Fahrt‹.

So gelangen Minko und ich gegen Mittag in Ebolowa, dem Sitz des Präfekten, an und erscheinen pünktlich zum Mittag-

---

17 Wichtigste Stadt im Grenzbereich zu Gabun und Äquatorial-Guinea

essen. Der Präfekt begrüßt uns ausgesprochen freundlich, führt Minko zu seinen Leuten, die sich woanders aufhalten, und mich an die Mittagstafel, wo seine Frau bereits auf uns wartet. Wir speisen zu dritt, wobei sich der Hausherr eingehend nach dem Wagen erkundigt, den er seiner Frau kaufen möchte. Gegen Ende der Mahlzeit entschuldigt er sich, er habe noch etwas Dringendes zu erledigen ... und erscheint 15 Minuten später mit dem örtlichen Geheimdienstchef, den ich ja schon vom letzten Jahr her kenne. Wieder werde ich verhaftet. Ein ähnlicher Brief wie beim vorigen Mal wird mir gezeigt. Die Anschuldigungen haben sich nicht wesentlich geändert: sektiererische Tätigkeiten, subversive Aktivitäten. In den Augen der Regierung bin ich ein gemeingefährlicher Verbrecher, den es aus dem Verkehr zu ziehen gilt. Ab nach Yaoundé zum Oberchef des Sicherheitsdienstes. Da wird man dann weitersehen! Der Sicherheitsbeamte möchte aber noch mehr von mir erfahren. So geht es zunächst zu seiner Wohnung – selbstverständlich in Begleitung seines Personals – und nach einer ersten Befragung auf die örtliche Polizeistation. Es ist inzwischen Abend. Die afrikanische Dunkelheit bricht schnell herein und ich überlege, was zu tun ist. Immer noch bin ich davon überzeugt, dass alles nur ein bedauernswertes Missverständnis ist. »Minko, was meinst du, könnte nicht ein Besuch bei deinem Vetter in Yaoundé die Situation klären?« – Er ist einverstanden. Darum händige ich ihm das schwer beladene Fahrzeug aus (wir hatten am frühen Morgen unsere noch in Nko'emvon verbliebenen Habseligkeiten hineingepackt) und verabschiede mich von ihm. Und seit diesem Abend des 1. Mai 1973 warte ich auf seine Rückkehr ... [18]

Nach einer unruhigen Nacht und einer Erfahrung reicher – es war für mich die erste Nacht auf einer Polizeistation – reise ich unter Begleitschutz in die Hauptstadt. Ein Verhör folgt auf das andere, zwischendurch Wartezeiten in brütender Sonne. Aber kein Minko erscheint! Und der Chef will mich anscheinend

---

18 Wie ich später von anderen Mitarbeitern erfahre, hat er das Fahrzeug längere Jahre für private Zwecke genutzt (als Fischtransporter) und den übrigen Inhalt zu Geld gemacht. Er selbst wird mir 20 Jahre später schreiben, dass er von der Geheimpolizei gezwungen wurde, keinen Kontakt mehr mit mir aufzunehmen.

auch nicht mehr sehen. Im letzten Jahr hatte er mich noch bei sich vorgelassen, um sich von mir die aktuelle Situation meiner Missionstätigkeit erklären zu lassen, aber jetzt hat er wohl die Nase voll von dem jungen Missionar, der nichts als Ärger verursacht! So verbringe ich noch eine zweite Nacht in Gewahrsam; dieses Mal in der Hauptstadt, wo der Umgangston nicht mehr sehr freundlich ist. Und am dritten Tag geht es dann im Gefangenentransport auf Bus und Schiene nach Douala, wo uns (meine dreifache Eskorte und mich) der für die Ein- und Ausreise zuständige Kommissar bereits erwartet. Er mustert mich mit drohendem Blick – schließlich kennt er mich bereits vom letzten Jahr – und geht dann ins Zimmer nebenan, um mit dem ›großen Bruder‹, dem Präsidenten Monsieur Ahidjo (einem Moslem), zu telefonieren. Dem ziemlich laut geführten Gespräch kann ich entnehmen, dass ich zunächst im Untersuchungsgefängnis festgehalten werden soll, bis weitere Order erfolgt. Und nun folgt eine Zeit, die ich um keinen Preis in der Welt missen möchte und für die ich meinem Herrn auch heute noch von ganzem Herzen dankbar bin.

In Untersuchungshaft

Es ist ja nicht das erste Mal, dass ich im Gefängnis bin. Manches Mal habe ich in verschiedenen ›Strafvollzugsanstalten‹ das Evangelium verkündigen dürfen, manchmal mit Liedern[19] oder auch durch eine Kurzpredigt, die über Lautsprecher in die Zellen übertragen wurde. Aber dieses Mal bin ich nicht als Besucher oder Evangelist an einem solchen Ort, sondern als Gefangener. Und das ist eine ganz andere Sache!

Ich bin jetzt einer von ihnen. Mitten unter Dieben und Mördern, Schwerstverbrechern oder auch ›kleinen Fischen‹ – und solchen, die der politischen Führung im Wege stehen oder ganz einfach dem falschen Stamm angehören. Einige sind um ihres

---

19 In meiner Kölner Zeit hatten wir mehrere Male Gelegenheit, als Gesangsquartett solche Strafanstalten (u.a. auch den berüchtigten ›Klingelpütz‹) zu besuchen.

Glaubens willen an diesen Ort gelangt sind wie die Zeugin Jehovas, die ich ab und zu treffe. Und da ist auch noch der junge Mann, der auf Weltreise ging, weil er keine Lust mehr zum Arbeiten hatte, seinen Unterhalt teilweise mit Drogen finanzierte, von einem Land zum anderen abgeschoben wurde und schließlich neben mir auf dem harten Betonboden liegt und seine Decke mit mir teilt. Ach, wie fürsorglich hat der treue Herr auch daran gedacht; habe ich doch nichts bei mir außer dem, was ich auf dem Leibe trage, und so ein Betonboden ist wahrhaftig etwas anderes als ein weiches Bett!

Aber hier erlebe ich auch, welch eine Anziehungskraft Gottes Wort auf diese bedauernswerten Geschöpfe ausübt. Ich habe noch meine kleine Bibel dabei und kann nun den Gefangenen daraus vorlesen und ihre Fragen beantworten. Und dann macht diese Bibel die Runde. Sie ist beständig im Einsatz. Der Hunger nach Gottes Wort ist riesig. Die Leute sind reif für die frohmachende Botschaft, die gerade den Armen und Ausgestoßenen die ganz große Wende verheißt.

An diese Zeit werde ich mich noch oft erinnern, als der Herr beginnt, uns in vielen Ländern die Türen der Gefängnisse zu öffnen und Zugang zu den Gefangenen zu verschaffen!

Doch meine Gedanken gehen auch nach Deutschland, zu meiner lieben Frau und den drei kleinen Kindern. Werden sie wohl je ihren Vater wiedersehen? Es ist offensichtlich, dass man nicht die Absicht hat, mich so bald wieder freizugeben. Der Abreisetermin mit ›Quelle-Reisen‹ ist mittlerweile verpasst, und so werden sie wohl jetzt zu Hause Erkundigungen bei der Botschaft einholen, was denn mit mir passiert sei. (Das geschah tatsächlich; bei der kamerunesischen Botschaft wurde mehrmals nach meinem Verbleib gefragt. Diese leugnete jedoch, meinen Aufenthaltsort zu kennen.) – Im Übrigen bin ich nicht unbedingt daran interessiert, noch länger Objekt der eigentümlichen ›Späße‹ meiner Bewacher zu sein (u.a. wurde eine Scheinhinrichtung mit mir durchgeführt). Aber am schwersten ist der Gedanke, wie es meine Frau wohl verkraften kann, nach allem, was sie bisher schon mit mir erlebt hat, nun diese Ungewissheit zu erleiden, wo ich geblieben bin und was weiter aus ihr und den Kindern werden soll.

Und wieder darf ich erleben, wie der Herr mich völlig ruhig macht. Bin ich nicht um Seines Namens willen an diesem wenig begehrenswerten Platz? Und wenn es denn so ist, dann darf ich Ihm vertrauen, dass Er einen wunderbaren Plan mit uns beiden hat und auch dafür sorgen wird, dass Ilse sich ebenfalls geborgen weiß in Ihm, der nicht umsonst verheißen hat, der Vater der Witwen und Waisen zu sein ...

Am 11. Mai wird ein Rechtsanwalt eingeliefert. Er teilt mir mit, dass er am Abend von einem Bekannten besucht werden wird: dem könne ich eine Botschaft mitgeben für den deutschen Konsul, der hier in Douala wohne. Und alles weitere würde sich dann wohl ergeben ...

Tatsächlich ist der Mann bereit, besagten Konsul aufzusuchen, der dann auch am nächsten Tag in aller Frühe erscheint. *»Wir suchen Sie bereits seit mehr als einer Woche. Die Regierung verweigert jegliche Zusammenarbeit, behauptet auch, Ihren Aufenthaltsort nicht zu kennen. Jetzt muss sie aber innerhalb der nächsten 24 Stunden Beweise für Ihre Inhaftierung vorbringen oder Sie unverzüglich freilassen. Ich werde sofort zu den entsprechenden Stellen gehen und Ihre Freilassung fordern.«* Er verschwindet und lässt sich bis zum Abend nicht mehr sehen. Dann taucht er wieder auf, ziemlich deprimiert. *»Alle, die mit Ihrem Fall zu tun haben, lassen sich verleugnen. Der eine ist auf Urlaub, der andere zum Wochenende weggefahren, der dritte unauffindbar. Offensichtlich will man Sie nicht freilassen. Doch sollte sich noch irgendetwas tun, dann müssen Sie folgendes wissen: Morgen reist der deutsche Botschafter Horstmann zurück in die Bundesrepublik. Ich werde ihn am Flughafen begrüßen. Seine Maschine geht um 10.15 Uhr, und Sie finden mich zu der Zeit irgendwo im Flughafen.«*

Am nächsten Tag – es ist Sonntag, der 13. Mai – erscheint der Kommissar. *»Sie können Ihre Sachen packen. Haben Sie auch das Flugticket und die Papiere?«* – *»Aber, Herr Kommissar, Sie wissen doch selber, dass Sie mir alle Papiere abgenommen haben, und das Flugticket befindet sich in dem Auto, mit dem mein Mitarbeiter noch unterwegs ist.«* – *»Ja, dann tut es mir leid. Dann wird wohl nichts aus Ihrem Flug. Außerdem kann ich Sie auch garnicht hinbringen, da ich kein Fahrzeug bei mir habe.«*- Ganz deutlich ist, dass der Mann mich nicht freilassen will und nur einen Grund für eine Verlängerung der Untersuchungshaft sucht. »*Aber Herr Kommissar, ein Auto zu besorgen dürfte doch für Sie kein Problem sein. Wer wird es wohl wagen, ›nein‹ zu sagen, wenn Sie ihn darum bitten, seinen Wagen zu benutzen?*« – Widerstrebend begleitet er mich nach draußen. Und wirklich steht dort schon ein Wagen, und der Fahrer sitzt sogar hinter dem Steuer (ob es der Wagen des Kommissars selbst war, weiß ich bis heute noch nicht)! – Die Zeit eilt. Bis zum Abflug der Maschine sind es nur noch knapp 30 Minuten. Man merkt dem Kommissar an, dass er absolut keine Lust hat, mir in irgendeiner Weise behilflich zu sein. Und trotzdem lässt er sich zu seinem Amtssitz kutschieren und kommt nach kurzer Zeit mit meinen Papieren wieder heraus. Als wir den Flughafen erreichen, steht die Maschine bereits auf der Rollbahn und wartet auf die Freigabe zum Start. Der Pilot wird gebeten zu warten, bis alles geklärt ist. Der Konsul findet sich ein, streckt mir das Flugticket vor, versorgt mich noch mit einer frischen Hose, und schließlich werde ich – in Begleitung meiner Eskorte – zum Flugzeug gebracht und unter staatlicher Aufsicht dem Botschafter anvertraut.

Beim Abschied frage ich den Kommissar: »*Was muss ich eigentlich tun, damit ich ungestört nach Kamerun zurückkehren und hier arbeiten kann?*« Seine Antwort: »*Nur eine Bittschrift an unseren Präsidenten kann Ihnen dabei helfen. Eine andere Möglichkeit gibt es für Sie nicht!*«

In der Maschine habe ich ausgiebig Gelegenheit, den deutschen Botschafter über meine Lage zu informieren. »*Bitte tun Sie uns einen Gefallen und verzichten Sie auf jegliche Klage gegen die Regierung. Wir benötigen jede Stimme in der UNO und können uns von daher keine diplomatischen Querelen erlauben!*«, ist seine Bitte, der ich in der Folgezeit auch nachkomme.

Rund zwei Wochen später erhalte ich Besuch von einem Bruder, der in einer gemischten Brüder- und Baptistengemeinde in der näheren Umgebung zu Hause ist. »*Was ist eigentlich am Sonntag, dem 13. Mai, passiert? Wie du weißt, beten wir ja immer vor unseren Zusammenkünften. Aber an diesem Sonntag wurden wir innerlich getrieben, die Gebetszeit über diese Zeit hinaus auch in die Bibelstunde mit hinüberzunehmen und als ganze Gemeinde für dich zu be-*

ten.« Ich erkundige mich näher und erkenne, dass es genau zu der Zeit war, als ich den Eindruck hatte, dass der Kommissar wider seinen Willen gezwungen wurde, mich freizulassen! Und das Flugzeug so lange warten musste, bis ich an Bord war!

»Ehe sie rufen, werde ich antworten, und während sie noch reden, werde ich hören.« (Jes 65,24)

Im Hordthaus bei Langenberg 1973-78

Bruder Waldemar aus Mettmann ist in der Zwischenzeit nicht untätig gewesen. Er möchte ein Haus kaufen, in dem Kinderarbeit möglich ist und gleichzeitig die weitere Betreuung unserer afrikanischen Freunde. Da wird ihm das Waldhotel ›Hordthaus‹ nahe dem Langenberger Sender angeboten. Und schon zwei Monate später, im Juli 1973, ziehen wir von Enkeln dorthin. Die nächsten fünf Jahre werden wir hier verbringen und viele Kontakte knüpfen, die auch über unsere Langenberger Zeit hinaus von großer Bedeutung für uns sein werden. Ein Hausmeister ist auch bald gefunden, und schon gegen Ende des Jahres kann mit der Kinderarbeit begonnen werden.

In dieser Zeit bekomme ich einen vertieften Einblick in die große Welt der ›Evangelikalen‹[20]. Die Langenberger Geschwister, die sich mittlerweile auch im Hordthaus versammeln, haben über die Brüder Deichmann und Murjahn Kontakt zu vielen ›führenden‹ Persönlichkeiten in der evangelikalen Welt.

Unter anderen ist Ulrich Parzany ein gern gesehener Gast, zumal er die meisten Texte für die von ihnen gegründete Anzeigenmission ›Aktion Gute Botschaft‹ verfasst. Außerdem ist er auch missionarisch interessiert und bringt mich in Kontakt mit der ›Nord-Afrika-Mission‹ mit Sitz in Marseille/Frankreich. Das sollte mir später noch von großer Hilfe sein, als ich eine Zeitlang die Emmaus-Kurse in Zaire durch andere Kurse ersetzen musste, die mir dann von ebendieser Mission zur Verfügung ge-

---

20 Damit meine ich Einzelpersonen und auch Gruppen von Gläubigen, die sich zu den Grundsätzen der Reformatoren bekennen und ursprünglich auch jegliche Bibelkritik ablehnten. Der ›Evangelischen Allianz‹ sehr nahestehend.

stellt wurden. Durch ihn erhalten wir auch Gelegenheit, auf der am Himmelfahrtstag in der Grugahalle stattfindenden Missionskonferenz, die dort vom Weiglehaus[21] durchgeführt wird, auszustellen. Dabei kommen wir in Kontakt mit Roland Werner[22] und einer CVJM-Gruppe ›Junge Gemeinde‹ aus Duisburg, zu der auch Christa Nachtigall gehört, die später mehr als 25 Jahre in unserem Missionswerk tätig sein sollte. Und schließlich bittet er mich noch, seine Urlaubsvertretung im Weiglehaus zu übernehmen und so auch einmal diese Jugendarbeit vor Ort kennenzulernen. Eine Einladung, ihn einmal bei sich zu Hause zu besuchen, nehmen wir gerne an, und stellen dabei fest, in welch bescheidenen Verhältnissen er mit seiner Frau und den beiden angenommenen afrikanischen Kindern wohnt.[23]

Eines Tages besucht mich ein gewisser Adolf Welter aus Solingen, Gründer und Leiter des EAS[24]. Er sucht einen neuen 1. Vorsitzenden für sein Werk und hat da an mich gedacht. Ich weiß bis heute noch nicht warum! Nach kurzem Überlegen sage ich zu: Vielleicht lassen sich unsere beiden Dienste ja irgendwie ergänzen?! Den Vorsitz habe ich dann zwar nach 5 Jahren nach erfolgtem Übergang wieder abgegeben – Bruder Welter suchte auch einen Nachfolger für sich, den wir dann ein Jahr später auch fanden – aber die Verbundenheit mit diesem gesegneten Werk ist bis heute geblieben und auch mit dem damals gefundenen Nachfolger des Gründers, der dort bis heute treu seinen Dienst ausübt.

Im Jahr 1974 findet der große ›Kongress für Weltevangelisation‹ in Lausanne/Schweiz statt. Ich bin eigentlich als Teilnehmer

---

21 Jugendzentrum in Essen, lange Jahre von dem bekannten Jugendpfarrer Wilhelm Busch geleitet, dessen Nachfolger Ulrich Parzany wurde.
22 Roland Werner hat dann später den Christustreff in Marburg gegründet und den Jugendkongress ›Christival‹ von Ulrich Parzany übernommen. Er und seine Frau Elke, die von mir in unserer Brüdergemeinde in Waldbröl getauft wurde, haben in ihren Anfangsjahren viel in der ›Brüderliteratur‹ geforscht.
23 Ich schreibe dies so ausführlich, weil mir bekannt ist, wie sehr dieser Bruder oft in unseren konservativen Kreisen verunglimpft wird. Wenn ich auch mit seinem ökumenischen Kurs in keiner Weise einverstanden bin, so möchte ich mich doch nicht zum Richter über seine Motive aufschwingen und das letzte Urteil über ihn dem Herrn überlassen!
24 Heute EAD (Evangelischer Ausländerdienst Dortmund), der das wohl größte Angebot an ausländischer Verteilliteratur in Deutschland hat (neben dem Gute Botschaft Verlag und der Mission für Süd-Ost-Europa).

nicht vorgesehen, aber ein älterer Bruder einer benachbarten Gemeinde (ein Förderer dieser Veranstaltung, wie mir scheint) bittet mich, an seiner Stelle als Beobachter zum Kongress zu fahren. Eine einmalige Gelegenheit, all die ›Größen‹ der evangelikalen Welt auf ein Mal kennenzulernen! Meine Begeisterung kühlt aber sehr schnell ab, als ich ›zur Halbzeit‹, d.h. am Ende der ersten Woche der 14-tägigen Konferenz Billy Graham zuhöre, wie er auf einer Pressekonferenz vehement für den ›Weltkirchenrat‹ in Genf eintritt. Ich packe meine Koffer und reise enttäuscht heim. Damit will ich unter keinen Umständen etwas zu tun haben!

In der Folgezeit erhalte ich merkwürdigerweise immer wieder Einladungen zu Tagungen und Konferenzen, die entweder vom ›Lausanner Komitee‹ oder von der ›Evangelischen Allianz‹ veranstaltet werden. Meine überstürzte Abreise scheint wohl wenig Eindruck gemacht zu haben! – Was soll ich tun? Wie soll ich auf diese Einladungen reagieren? Sie einfach ignorieren? Oder ist es nicht eine Gelegenheit, das eine oder andere einfließen zu lassen, das vielleicht zu einer – wenn auch vielleicht nur unmerklichen – Kursänderung beitragen könnte?!

Ich entschließe mich zunächst solche Veranstaltungen zu besuchen, die irgendwie auch unserem Dienst in Afrika behilflich sein könnten. Die Ausländertreffen zum Beispiel, die vom Evangeliums-Rundfunk und dem dort für Ausländerarbeit verantwortlichen Hans-Dieter Quandt organisiert werden. Auf dem ersten Treffen, an dem ich teilnehme, mache ich den Vorschlag, eine Arbeitsgemeinschaft für Ausländer zu gründen, die AfA, in der möglichst alle unter Ausländern in Deutschland und der Schweiz arbeitenden Missionswerke vertreten sein sollten. Und schon werde ich als deren Leiter vorgeschlagen. Das war nun wirklich nicht meine Absicht! Aber die Geschwister drängen. Wenn ich schon einen solchen Vorschlag mache, dann soll ich bitteschön auch Verantwortung dafür übernehmen. Und vermutlich habe ich mit meinem ›Miniwerk‹ ja wohl auch die meiste Zeit ... [25]

---

25 Die AfA (Arbeitsgemeinschaft für Ausländer) existiert auch heute noch und gibt wertvolle Tipps weiter, vor allem auf den zweijähr-lichen ›AMIKO‹-Treffen (AMIKO = Ausländermissionskonferenz).

Nicht lange danach bittet mich die ›Aktion Gute Botschaft‹, anlässlich der Verleihung des Bundesverdienstordens an den Evangelisten Dr. Gerhard Bergmann für sie einen Vortrag zu halten. Der Festakt findet im Hilton-Hotel in Düsseldorf statt, und anstelle des erkrankten Ministerpräsidenten nimmt der Staatsminister für Wissenschaft und Bildung, Prof. Halstenberg die Ehrung vor. Was für eine illustre Zahl von Gästen ist dazu eingeladen! Und (fast) alle scheint der Gedanke zu beseelen: Wie können wir, die Evangelikalen, den anwesenden Intendanten (u.a. Werner Höfer und Klaus von Bismarck) und Chefredakteuren der ›Bild‹ und ›Welt am Sonntag‹ deutlich machen, dass wir eine nicht zu verachtende Kraft in der Gesellschaft darstellen und daher auch Zugang haben sollten zu Presse, Rundfunk und Fernsehen?!

Ich fühle mich ausgesprochen unwohl in dieser Gesellschaft. Was habe ich eigentlich hier verloren? Ist das der Platz, den der von der Welt verachtete Nazarener für mich bestimmt hat? In einem Hotel der Sonderklasse dabei zu sein, wenn die Welt ›einen von uns‹ ehrt? Da scheint mir doch die Haltung von Kurt Heimbucher, dem Präses des Gnadauer Verbandes[26], wesentlich mehr dem Evangelium zu entsprechen, wenn er die ihm angebotene Verleihung des Verdienstordens ausschlägt mit der Begründung, dass er keine Ehrung von einer Regierung annehmen möchte, die den ›Mord im Mutterleib‹ fördert!

Der aus meiner Sicht einzige Lichtblick an diesem Tag ist der musikalische Beitrag der Familie Eicker. Die vierköpfige Familie, Eltern und zwei Töchter, singen in der Pause im großen Foyer ein Evangeliumslied nach dem anderen – doch kaum jemand scheint sich für sie zu interessieren. Sei's drum! Zumindest sie haben an diesem Tag die Fahne des Kreuzes hochgehalten.

Ich selber habe leider geschwiegen bzw. meinen Vortrag gehalten, der dann zur Gründung der KEP (Konferenz Evangelikaler Publizisten) führt. Erst geraume Zeit später wird mir klar, wie ich in diesem Moment in allergrößter Gefahr war, meinen

---

26 Im ›Gnadauer Verband‹ sind die verschiedenen Strömungen der Gemeinschaftsbewegung und auch deren Missionswerke zusammengeschlossen.

Herrn und dessen Wesen – »*lernet von mir, denn ich bin sanftmütig und von Herzen demütig*« – zu verleugnen und mich der Welt und ihren Grundsätzen anzupassen.

Es sollte noch ein weiteres Jahr dauern – wir schreiben mittlerweile das Jahr 1978 – bis mir klar wird, dass ich in diesen Kreisen nichts zu suchen habe, auch wenn sich dort manches liebe Gotteskind findet!

Wir befinden uns auf der ›Evangelischen Akademie Loccum‹ zu einer weiteren Tagung. Dieses Mal geht es um die Vorbereitung des ›Missionarischen Jahres '79‹. Einer der Tagungspunkte ist die Frage der Mitarbeit. Und was hören meine erstaunten Ohren: Auch Katholiken sind uns dabei willkommen! Sollte ein katholischer Pfarrer sich zu ›unseren‹ Grundsätzen bekennen, dann kann er selber seine Pfarrei evangelisieren. Uns braucht er dabei nicht mehr! Auf keinen Fall gilt es, Gläubige aus anderen Kirchen oder Denominationen abzuwerben!

Dieses Mal bleibe ich nicht stumm. In der Pause spreche ich Ulrich Parzany an, und auch Johannes Hansen vom ›Volksmissionarischen Amt‹ ist mit dabei. Aber die Weichen sind schon lange Richtung Ökumene gestellt, auch wenn noch manches unter der Fahne der ›Evangelischen Allianz‹ läuft. Der Zug ist nicht mehr aufzuhalten. ›Seid umschlungen, Millionen!‹

Traurig nehme ich Abschied. Die Gemeinschaft mit den Brüdern war mir wertvoll; ich werde sie sicher vermissen. Doch die Gemeinschaft mit dem Herrn ist mir wichtiger! Es mag sein, dass der Herr manche einen Weg führt, der anderen unverständlich erscheint. Ein jeder sei sich Seiner Führung gewiss! Doch für mich gilt nach wie vor: »*Ein jeder, der den Namen des Herrn nennt, stehe ab von der Ungerechtigkeit*« (2Tim 2,19).

In der Folgezeit gebe ich den Vorsitz beim Ausländerdienst ab, ebenso die Leitung der AfA. So bin ich ab 1980 frei, mich allein um die Belange der ZAM (Zentralafrika-Mission e.V.) zu kümmern, die als Folge meines Dienstes in und für Afrika 1976 in Langenberg gegründet wird.

Gastspiel der ›Gefährdetenhilfe Scheideweg‹

Die ›Gefährdetenhilfe Scheideweg‹, die ungefähr in der gleichen Zeit wie unsere ZAM gegründet wird, bittet uns in dieser Zeit, den einen oder anderen ihrer betreuten Ex-Gefangenen zu übernehmen, wenn sie nach ihrer Haftentlassung einen Neuanfang machen möchten. Wir stimmen zu, und so erscheint eines Tages ein junger Mann, der sich in unserem Werk nützlich machen möchte. Am zweiten Tag entdeckt er mein kürzlich erstandenes Rennrad und fragt, ob er mal eine Runde damit drehen kann. Bevor er losfährt, erklärt er mir noch, wie man auf einfache Art und Weise ein Fahrradschloss knackt, verabschiedet sich von uns … und lässt sich für ein ganzes Jahr nicht mehr bei uns blicken. Nur seinen Fußabdruck entdecke ich drei Tage später – es ist ein Donnerstagmorgen – auf der Fensterbank seines Zimmers, und kann mir vorstellen, was am Abend davor geschehen ist! – Und das bestätigt er dann auch bei seinem Kurzbesuch im folgenden Jahr. Er wusste, dass wir Mittwochabends alle bei Deichmanns in der Bibelstunde waren. So wähnte er die Luft rein genug noch einmal zurückzukommen, um seine Papiere zu holen, die er bei seinem Fahrradausflug vergessen hatte. Als er sie im Zimmer zu sich steckte, sah er plötzlich meine Frau auf dem Hof, die wegen der kleinen Kinder zu Hause geblieben war. Er bekam einen gewaltigen Schrecken, und anstatt zur Tür hinauszugehen, die auf den Hof führt, wählte er das Fenster, das zur anderen Seite geht. So konnte er unbemerkt entkommen. – Jetzt ist er mit seiner Freundin gekommen, und wir raten ihm, doch den biblischen Weg zu gehen und sie zu ehelichen, was er dann auch in der Folgezeit tut. Unsere Wege trennen sich dann, und wir wissen nicht, was am Ende aus ihm geworden ist.

Ein anderer Schutzbefohlener, Wolfgang L., hält es länger bei uns aus. Als ehemaliger Schwergewichtsamateurboxer erhoffen wir von ihm einen Beitrag im Hinblick auf Tätigkeiten, zu denen kräftige Personen eher in der Lage sind als ›Otto Normalverbraucher‹. Doch diese Hoffnung erfüllt sich leider nicht. Stattdessen kommt es immer wieder zu Reibereien mit unseren übrigen Mitarbeitern, bis dieselben mir eines Tages kategorisch erklären:

entweder Wolfgang oder wir. So bleibt mir nichts anderes übrig, als ihn zu entlassen, zumal er sich in keiner Weise einsichtig und kooperativ zeigt. Kurze Zeit danach kommt uns aber zu Ohren, dass er sich öffentlich rühmt, die Tochter des reichsten Mannes am Ort heiraten zu wollen. Dann würde ›Arbeit‹ nur noch ein Fremdwort für ihn sein!

Das ruft uns auf den Plan. Sollen wir tatenlos zusehen, wie dieses Mädchen in ihr Unglück läuft und auch der Vater schmählich betrogen wird? Ich rufe sie kurzerhand an und bitte sie, möglichst rasch zu uns auf den Berg zu kommen, da ich ihr etwas sehr Wichtiges mitzuteilen hätte. Sie erscheint auch umgehend, und während ich ihr die Situation erkläre, öffnet sich plötzlich die Tür zu unserem Wohnzimmer und Wolfgang erscheint wutentbrannt. Er reißt das widerstrebende Mädchen an sich und stürmt nach draußen. Ich hinterher. Auf dem Hof gelingt es mir – ich weiß auch heute noch nicht genau wie – ihm das Mädchen zu entreißen. Daraufhin verschwindet er im Hauptgebäude und taucht nach kurzer Zeit mit einem großen Schlachtermesser wieder auf. Nun stehe ich ihm allein gegenüber. Er hat das Messer, ich bin völlig unbewaffnet.

Aber was geschieht? Anstatt mich anzugreifen, dreht er sich einfach um und läuft fluchend in den Wald. In einer Entfernung von vielleicht 50 Metern bleibt er unter einer Buche stehen und stößt sich das Messer in den Leib – so sieht es zumindest aus! Er sinkt zu Boden und bleibt dort regungslos liegen. Was sollen wir tun? Schon wollen einige von uns hineilen. Nur mit Mühe kann ich sie zurückhalten. *»So, wie ich Wolfgang kenne, ist er viel zu feige, sich das Leben zu nehmen. Wir rufen jetzt die Polizei, und die soll sich dann weiter um ihn kümmern!«* Gesagt, getan. Während wir noch auf die Polizisten warten, taucht auch der Vater des Mädchens auf. Wir verstauen seine Tochter im Kofferraum seines Mercedes, und vorsichtig entfernt er sich aus dem Hof. Doch Wolfgang liegt immer noch regungslos unter der Buche!

Nach etwa 40 Minuten erscheinen schließlich die beiden Beamten. Als sie ihm sachte auf die Schulter tippen, ist er wieder ›putzmunter‹, springt auf – wird aber nach kurzer Diskussion abgeführt. Die nächsten Wochen haben unsere Kinder dann

Ausgangsverbot, denn wer weiß, was unser ›Ehemaliger‹ noch aushecken mag …

Diese beiden Versuche haben uns allerdings deutlich gemacht, dass unser Dienst als Therapiemaßnahme für ehemalige Strafgefangene zur Wiedereingliederung in den Arbeitsprozess nur bedingt tauglich ist, brauchen sie doch offensichtlich wesentlich mehr persönliche Betreuung als wir ihnen geben können.

Besuch aus Moskau

Abschließend aus dieser ›Hordthauszeit‹ noch eine Episode, die deutlich macht, wie sehr unser treuer Herr das Gebet der Gemeinde schätzt und oft in wunderbarer Weise darauf antwortet:

Bisher haben wir unsere Bibelschüler nur mit Fernkursen betreut; die ersten einheimischen Bibelcenter werden ja erst im Jahr ›85 entstehen. So besteht auch Verbindung zu einem togolesischen Bibelschüler mit Namen Atayi, der uns eines Tages aus Helsinki schreibt: »*Bruder Martin, du wunderst dich sicher, von mir Post aus Finnland zu bekommen. Ich bin hier auf einem Wochenendausflug und arbeite seit einiger Zeit in der togolesischen Botschaft in Moskau. Du kennst ja sicher die besondere Situation … So bitte ich dich, die nächsten Bibelkurse meinem Vetter in Paris zu schicken. Der will mich in einigen Wochen hier besuchen und kann bei der Gelegenheit die Kurse mitbringen.*« – Ich schaue auf's Datum des Briefes. Offensichtlich ist er kontrolliert worden und so ist es zu spät, um den Vetter noch in Paris zu erreichen. So schicke ich einen Kurs an seine Moskauer Adresse. Und warte dann auf Antwort.

Die Wochen vergehen, Monate … . keine Antwort. Wir beten in unserer kleinen Mitarbeiterschar, aber auch jetzt immer noch kein Lebenszeichen. Dann erinnere ich mich an die Verheißung in Matth 18,19.20: »*Wenn zwei von euch übereinkommen, irgendeine Sache zu erbitten, so wird sie ihnen werden von meinem Vater im Himmel. Denn wo zwei oder drei versammelt sind in meinem Namen, bin ich in ihrer Mitte.*« Gilt das nicht auch in besonderer Weise für die Gebetsversammlung?

Am nächsten Mittwoch sind wir wieder – wie gewohnt – im

Hause Deichmann zusammen. Ich trage mein Anliegen vor: Unser Bibelschüler Atayi aus der Moskauer Botschaft möchte gerne die Bibelkurse weitermachen, und wir wissen nicht, wie wir Verbindung mit ihm aufnehmen können. Und ich erlebe etwas, was ich seitdem nie wieder in dieser Intensität erlebt habe: Alle anwesenden Brüder – ohne Ausnahme – beten für dieses unser Anliegen!

Am darauffolgenden Sonntag – ich bin gerade in Oberhausen zu Besuch – sitze ich nach der Predigt und der Beendigung der Bibelstunde noch auf meiner Bank, als die Tür aufgeht und die Gemeindeschwester erscheint. *»Anruf vom Hordthaus. Martin Vedder möchte sofort heimkommen. Besuch aus Moskau!«* – Besuch aus Moskau? Das kann nur unser Atayi sein! Denn ich wüsste nicht, dass wir noch mehr Bekannte in Moskau hätten … Schnell mache ich mich auf den Heimweg. Und tatsächlich – er ist es. Der togolesische Bibelschüler aus seiner Botschaft in Moskau!

Was war geschehen? Atayi erzählt: *»Vor ein paar Tagen bekam ich deinen Brief, in dem du anfragst, ob ich die erste Sendung mit dem Bibelkurs erhalten habe. Aber die ist wohl konfisziert worden. Und gestern setzte ich mich in den Zug, um meinen Vetter in Wuppertal zu besuchen[27]. Allerdings erwischte ich den falschen Kurswagen, und statt in Wuppertal lande ich in Essen. Ich nehme ein Taxi und fahre Richtung Wuppertal. Dabei komme ich auch durch eine Stadt mit Namen Velbert. Ich krame deinen Brief hervor, wo eben dieser Ort vermerkt ist[28] und erkundige mich bei dem Taxifahrer, ob es nur ein Velbert in Deutschland gebe. Er bejaht und so denke ich mir: ›Aha, da wohnt ja mein Missionar. Den werde ich morgen einmal besuchen!‹ Und so habe ich heute morgen wieder ein Taxi genommen, dieses Mal in umgekehrter Richtung. In Velbert-Neviges lasse ich das Taxi an einer Kirche halten, unterbreche den Pastor in seiner Predigt und frage nach Martin Vedder. ›Der wohnt nicht hier, sondern in Langenberg am Sender.‹ Also wieder hinein ins Auto und zum Sender hoch. Dort oben schelle*

---

27 Nicht identisch mit dem Vetter in Paris. Die ›Vetternwirtschaft‹ in Afrika ist ja allgemein bekannt. So plazieren die Regierenden in der Regel ihre Angehörigen – wie es auch bei Napoleon besonders deutlich war – in alle möglichen wichtigen Ämter im In- und Ausland.
28 Auf der ersten Sendung stand noch Langenberg als Absender. In der Zwischenzeit hatte die Gemeindereform stattgefunden und Langenberg wurde Velbert zugesprochen.

ich an der ersten Tür. Es öffnet ein Baptistenbruder, der sich verschlafen hat, mir aber den Weg zum Hordthaus zeigen kann. Und so bin ich nun hier bei dir!«

Man stelle sich die Überraschung der Geschwister vor: Mitten beim ›Brotbrechen‹ geht die Tür auf und ein schwarzer Mann erscheint auf der Bildfläche – genau der Bibelschüler, für den vier Tage zuvor in der Gebetsstunde so inbrünstig gebetet wurde!

Ja, unser Gott ist ein Gott, der sich schauen lässt (1Mose 16,13). Glückselig jeder, der sich bei Ihm birgt!

Auf zu neuen Ufern

Anfang 1978 zeigt sich, dass das Hordthaus allmählich zu klein für unseren Missionsdienst wird. Die Arbeit hat sich erfreulich ausgeweitet, nicht zuletzt auch durch die tatkräftige Mitarbeit vieler Geschwister, die in unermüdlicher Heimarbeit die vielen Schriften, die in Loseblattform hergestellt werden, zusammenlegen, heften und beschneiden, oder die auf diversen Falzmaschinen Unmengen von Traktaten falzen. Wir müssen bereits Räume in Langenberg selber anmieten, um das fertige Material zu lagern. Auch haben wir den Eindruck, dass die Doppelbelastung Ilse und mir langsam zu viel wird – einerseits sind wir zuständig für die Aufrechterhaltung des Heimbetriebs, der ständig zunimmt[29], und andererseits erfordert auch der weitere Ausbau der Missionsarbeit unsere ungeteilte Kraft. Außerdem wird unter unseren Privaträumen nachts noch gedruckt: Mehrere Brüder, die kurze Zeit später die ›Friedensstimme‹ gründen werden, drucken in dieser Zeit auf unserer mittlerweile zweifarbigen Offsetmaschine Liederbücher und auch andere Literatur für Russland, die dort gebraucht und auf verschlungenen Wegen nach drüben gebracht wird.[30]

Aber einfach hier verschwinden wollen wir auch nicht. Es

---

29 Der letzte Hausmeister hat uns Ende '76 verlassen und seitdem sind wir auch für diesen Bereich zuständig.
30 Aus der ›Friedensstimme‹ entstand in späteren Jahren der ›Friedensbote‹, mit dem wir noch heute sehr verbunden sind.

müsste ein geeigneter Nachfolger gefunden werden ... Während ich über diese Fragen nachdenke, gleitet mein Blick nach draußen. Unten im Hof geht der japanische Arzt und Neurologe Dr. Michiaki Horie spazieren. Er leitet zusammen mit Kurt Scherer vom Evangeliums-Rundfunk eine Freizeit hier im Hordthaus, in der es um seelsorgerliche Fragen geht. Da schießt es mir durch den Kopf: Könnte es nicht sein, dass er für diesen Posten in Frage kommt? Könnte er nicht das Hordthaus sozusagen als Therapiestätte für psychisch Kranke nutzen und seine Praxis hier installieren? Beim Mittagessen bitte ich ihn zu mir herauf zu kommen. Er zeigt sich nicht abgeneigt, und als auch noch seine Frau ihr Einverständnis gibt, ist meiner Frau und mir klar, dass unsere ›Zelte‹ hier in Langenberg abgebrochen werden sollen und es gilt, zu neuen Ufern aufzubrechen.

Schon im Juni desselben Jahres findet der Umzug nach Steimelhagen statt, einem kleinen Örtchen im Oberbergischen, das ich schon mehrmals besucht habe wegen des dort befindlichen Hauskreises. In Holpe, ganz in der Nähe, befindet sich eine kleine Hausgemeinde. Auch nicht weit entfernt liegt Waldbröl, wo wir uns der dortigen Brüdergemeinde anschließen.

Steimelhagen 1978 – 80

Eine überaus kritische Zeit beginnt, was die finanzielle Situation angeht. Wie früher schon erwähnt, gebe ich den Vorsitz in verschiedenen Werken ab; außerdem scheiden wir als Missionswerk auf eigenen Wunsch aus der AEM[31] aus. Auch die bis dahin von mir wahrgenommenen Aktivitäten im Rahmen der Evangelischen Allianz kommen zum Stillstand, als sich herausstellt, dass die örtliche Allianz in Wirklichkeit Ökumene in Reinkultur betreibt. Wir sind dabei, uns total zu isolieren, und das zu einem Zeitpunkt, als auch die bisherigen Hauptunterstützer unseres Werkes ziemlich plötzlich ihre finanzielle Unterstützung einstellen. Neue Spender sind kaum in Sicht ... Zu allem Über-

---

31 Arbeitsgemeinschaft Evangelikaler Missionen

druss fällt auch der angelernte Drucker in seine Trunksucht zurück und muss ins Landeskrankenhaus. So fange ich wieder selber an zu drucken.

Wie soll es nur weitergehen?

Die Antwort

Da führt Gott mich mit einem Bruder zusammen, der ein Faltschachtelwerk mit den dazugehörigen großen Druckmaschinen betreibt. Er scheint ein gewisses Interesse an unserer Arbeit zu haben, führt mich durch sein Werk, und am Ende der Führung fragt er unvermittelt: »*Wer druckt eigentlich für dich?*« Nun, ich muss ihm gestehen, dass das Drucken im Augenblick nur auf Sparflamme läuft, da der dafür zuständige Mann sich in einer Entziehungskur befindet und ich selbst nur gelegentlich dazu komme. »*Wieviel brauchst du denn im Jahr? Ich bin gerne bereit, alles für dich zu drucken. Sag mir nur, wieviel du brauchst!*« Ich kann es kaum glauben. Aber er meint es wirklich ernst! Ich überschlage schnell unseren Jahresbedarf, und er stimmt ohne Zögern zu. Alles gratis. Selbst die Grafik und die Herstellung der Platten werden von seiner Firma übernommen. Ich brauche nur noch die entsprechenden Papiervorlagen besorgen, das Motiv für's Titelbild und die Auflagenhöhe angeben – und alles andere wird von seinen Leuten erledigt. Und selbst die Anlieferung bis zu uns geschieht umsonst!

Mir ist wie im Traum. Wie wunderbar erhört der Herr Gebet und bewegt Menschen, zur rechten Zeit am rechten Ort das Rechte zu tun, damit Sein Werk keinen Schaden leidet! Und wie froh bin ich im Nachhinein, dass wir nicht zu Menschen unsere Zuflucht genommen haben, als wir in diesem finanziellen und auch personellen Engpass steckten, sondern zu dem, der alles weiß und alles kann und den nicht verlässt, der sich auf Ihn allein verlässt!

Post aus dem Vatikan

Aus der Fülle der Korrespondenz, die wir in diesen Jahren bearbeitet haben, möchte ich nur einige wenige Beispiele herausgreifen, um zu zeigen, dass unserem Gott rein gar nichts unmöglich ist.

So schreibt mir ein katholischer Priester, der in Nord-Kamerun Laienprediger ausbildet, folgendes: *»Bruder Martin, ich bin total begeistert von den Bibelkursen. Nachdem ich sie durchgearbeitet habe, gebrauche ich sie für meine Predigten und auch in der Ausbildung der Laienprediger.«* – Dann höre ich eine Zeitlang nichts mehr von ihm bis … ja, bis ein Brief aus Rom bei uns eintrudelt, in dem er mir mitteilt: *»Du bist sicher erstaunt, aus Rom einen Brief zu bekommen. Ja, ich befinde mich jetzt in der Hauptstadt Italiens, und zwar genauer gesagt im* **Vatikan**. *Hier besuche ich die vatikanische Hochschule für Dogmatik. Aber die Emmaus-Bibelkurse möchte ich auf keinen Fall missen. Bitte schicke sie mir doch weiter an untenstehende Adresse. Du kannst sicher verstehen, warum ich Dir keine Anschrift direkt aus dem Vatikan angebe …«*

Und so kommt es, dass direkt im Vatikan unsere Kurse studiert werden, wenn auch mit Geheimadresse in Rom!

Aus Kinshasa, der Hauptstadt des damaligen Zaire, flattert ein ebenso unerwartetes Schreiben auf meinen Tisch. Der dortige **Koranlehrer** meldet sich zu Wort: *»Können Sie mir vielleicht eine größere Anzahl Bibelkurse schicken? Ich möchte gerne meine Koranschüler mit dem christlichen Glauben bekanntmachen. Dazu brauche ich Material, das von Christen geschrieben wurde.«* Der Leser kann sich denken, mit welcher Freude ich diesem Gesuch nachgekommen bin. Und wie dankbar wir bis heute sind über die vielen, vielen offenen Türen, die uns der Herr seitdem in der moslemischen Welt geschenkt hat!

Eine Zeitlang haben wir Kontakt mit einer größeren Gruppe von Kadetten der **königlichen Kadettenschule in Marokko**. Ich habe keine Ahnung, wie dieser Kontakt zustande kam, kann jedoch darin die große und gute Hand unseres Gottes erkennen, dem kein Ding unmöglich ist! – Auch aus Algerien und Tunesien erreichen uns Bitten von Moslems, ja, selbst in **Libyen** haben wir vereinzelte Bibelschüler. Nicht unerwähnt bleiben soll auch der Hotelboy aus Mauritius, der in einem der Golfemirate, dem kleinen Staat **Quatar**, die Bibelkurse studiert und sich Verteilmaterial von uns zukommen lässt, um seine Umgebung mit dem allein wahren Gott und Seinem Christus bekanntzumachen. Nicht wenig wundere ich mich auch, als eines Tages ein Brief aus **Medina**, der nach Mekka wichtigsten Stadt der Moslems, mit einem bearbeiteten Bibelkurs bei uns eintrifft und ebenfalls der Bitte, doch einige Traktate beizulegen zum persönlichen Zeugnis. Dieser letzte Kontakt hält aber nur für kurze Zeit, und ich weiß leider nicht, was aus diesem Bruder geworden ist.

Sehr zugute kommt unserer Arbeit der Umstand, dass Afrikaner überall auf der Welt zuhause sind; zur damaligen Zeit vor allem als Studenten im **Ostblock**. So haben wir etliche afrikanische Bibelschüler, die in verschiedenen Städten **Chinas** studieren und von dort die Bibelkurse anfordern. Eines Tages erfahren wir, dass sich sogar in der Hauptstadt **Bulgariens** eine Gruppe Afrikaner versammelt und gemeinsam unsere Kurse durcharbeitet. Ob in **Russland** oder der **Ukraine**, auf den Inseln der Karibik (vor allem auf **Haiti**), auf den ›Inseln unter dem Wind‹ oder den ›Inseln über dem Wind‹, ob in **Kanada** oder den **USA**, auch im fernen **Australien** – von überall her mehren sich die Anfragen nach unseren Kursen. Immer größer wird unser Staunen über die wundersamen Wege des Herrn, der Sein Volk sammelt aus allen Völkern, Sprachen und Stämmen, um sich ein Eigentumsvolk für Seinen Namen zu bereiten.

Neue Arbeitszweige

In dieser Zeit entstehen einige neue Arbeitszweige, wobei der Anstoß dazu jedes Mal von außen kommt. So schreibt uns eines Tages ein Bibelschüler von der Insel Mauritius im Indischen Ozean: »*Bruder Martin, ich möchte gerne eine Anzeige in unserer Zeitung aufgeben und auf die Bibelkurse hinweisen. Ich bezahle die Anzeige selber, aber bist du damit einverstanden, dass die Leute dann die Kurse kostenlos von euch anfordern können?*« – Während ich das lese, wird mir klar, dass der Herr mir eine Lösung für ein weiteres Problem mitteilen will. Wir bekommen nämlich von Zeit zu Zeit Anfragen von etwas besser gestellten Bibelschülern, die gerne einen finanziellen Beitrag zu unserem Werk leisten möchten, aber nicht wissen, wie. Denn ihre Landeswährung ist in der Regel international nicht viel wert! Und jetzt kommt mir der Gedanke: Wie wäre es, eine Zusammenstellung von evangelistischen Anzeigen anzufertigen in der Art, wie es die früher geschilderte Anzeigenmission tat? Die könnten wir solchen Personen zur Verfügung zu stellen mit der Bitte, sich ihrem Geldbeutel entsprechend einen Text zu wählen und auf eigene Kosten in ihrer Lokalzeitung zu veröffentlichen. – So entsteht unsere **Anzeigenmission**, von deren Angebot seither immer wieder Gebrauch gemacht wird. Sehr, sehr viele Bibelschüler konnten auf diese Weise schon geworben werden.

Ebenfalls in diese Zeit fällt ein anderer bemerkenswerter Briefwechsel. Diesmal ist es ein Bibelschüler aus Kananga, einer der Großstädte des ehemaligen Zaire, der mir schreibt: »*Bruder Martin, die Bibelkurse eignen sich doch hervorragend für evangelistische Sendungen im Radio. Ich bin der technische Direktor der Rundfunkstation hier in Kananga und verspreche dir, alle Programme kostenlos zu senden, die du uns zur Verfügung stellst.*« Nun, das lasse ich mir nicht zweimal sagen. Aber erst bitte ich um die offizielle Bestätigung des Rundfunkrats. Es dauert etwa ein halbes Jahr. Dann kommt die Antwort: »*Jawohl, die Zentralafrika-Mission wird gebeten, Programme mit den Emmaus-Bibelkursen herzustellen, die von uns kostenlos gesendet werden.*«

Das ist der Beginn der **Radioarbeit**, die auch heute noch in verschiedenen Ländern weiter betrieben wird; entweder kostenlos oder zu äußerst günstigen Bedingungen, die unsere einheimischen Mitarbeiter vor Ort erfüllen. Und auch dieser Arbeitszweig ist nicht auf Grund eigener Überlegung oder einer groß angelegten ›Strategie‹ entstanden, sondern durch die einfache Anfrage eines Bibelschülers, dessen Herz für Jesus brannte.

Die Arbeit wächst und wächst. In der ersten Hälfte der 80er Jahre kommen jeden Monat durchschnittlich 500 neue Bibelschüler hinzu. Und die alten wollen ja auch weiter betreut werden. Das führt zu einem ganz neuen Problem: Wie können wir der großen Zahl der Bibelschüler Herr werden (wir haben inzwischen rund 70.000 Namen in unserer Kartei) und dabei noch genügend Zeit für die oft erforderliche Seelsorge an den Einzelnen aufbringen?

Wieder benutzt der Herr einen anderen Menschen, um uns Seinen Weg zu zeigen. Ein kamerunesischer Bibelschüler mit Namen Ebobisse Crispo Marcel schreibt uns beim Abschluss des 25. Kurses: »*Bruder Martin, die Kurse sind so wunderbar und hilfreich; das ist genau das, was ich zur Aus- und Weiterbildung meiner Evangelisten, Prediger und Ältesten brauche. Könnt Ihr nicht diese Arbeit übernehmen?*« – Ich schreibe zurück: »*Bruder Marcel, wer bist du denn eigentlich, dass du von ›deinen‹ Predigern usw. sprichst?*« – Seine Antwort: »*Ich bin der Präsident des ›Orthodoxen Baptistenbundes von Kamerun‹, und für solche, die in der biblischen Verkündigung stehen, suchen wir Material, das weder charismatisch noch ökumenisch gefärbt ist.*« – Während ich das lese, wird mir klar: Das ist die Antwort auf unser Problem! **Warum nicht Bibelcenter ›vor Ort‹ gründen, direkt in Afrika, in denen die Bibelschüler in ähnlicher Weise betreut werden wie es bisher von Deutschland aus geschieht!** Nicht mehr von Missionaren, sondern von ihren eigenen Leuten (die wir natürlich vorher entsprechend auf ihre Aufgabe vorbereiten müssen).

Doch bevor dieses Vorhaben in die Tat umgesetzt wird, gilt es noch einer Einladung Folge zu leisten, die ich vor einiger Zeit bekommen habe.

Der ›Torontosegen‹ einmal ganz anders

Der Bruder Gary Engler, der mir bei der Einführung der Emmaus-Fernbibelschule sehr geholfen hat, ist mittlerweile in seine kanadische Heimat zurückgekehrt und schreibt mir von dort, ob ich nicht einige Gemeinden besuchen könnte, die ein gewisses Interesse an unserem Dienst in Afrika hätten. Auch Charles Fizer von der Bibelschule in Oak Park würde sich über einen Besuch und damit verbundene Dienste in den dortigen amerikanischen

Gemeinden freuen. Heino Promm aus Toronto interessiert sich ebenfalls für unsere Arbeit und lädt mich im Anschluss an meine Besuche im Westen des Landes zu sich nach Toronto ein.

Diese sechswöchige Besuchsreise durch die USA und das angrenzende Kanada wird mir in mancher Hinsicht im Gedächtnis bleiben. Von den vielen in dieser Zeit gemachten Erfahrungen der Führung und Bewahrung Gottes möchte ich aber nur ein einziges Erlebnis wiedergeben, das sich gegen Ende meines Aufenthaltes in Toronto ereignete.

Wir – Heino und ich – waren den ganzen Tag unterwegs in westlicher Richtung in einer Gegend, die stark von Mennoniten geprägt ist (hier bei uns als ›Amish-People‹ bekannt geworden[32]). Nun ist es kurz vor Mitternacht und nicht mehr allzu weit bis nach Hause. Ich sitze neben Heino und döse vor mich hin, als ich aufgeschreckt werde. Mit ungeheurem Getöse nähert sich uns von hinten einer dieser gewaltigen Lorries, wie man ihnen drüben recht häufig auf den Überlandstraßen begegnet. Unser PKW schaukelt gemütlich durch die Gegend und benutzt dabei die zweite Spur rechts außen auf der Autobahn, die an dieser Stelle 12 Bahnen in jeder Richtung aufweist. Der Lkw überholt uns jetzt auf der Spur ganz außen, rechts von uns. Als er auf gleicher Höhe mit uns ist – der vordere Teil bereits vor uns, der hintere noch nicht – bemerke ich plötzlich, dass der Riesenauflieger sich löst und direkt auf uns zukommt. Ich sehe uns im Geiste bereits unter ihm liegen, platt wie eine Wanze! Doch Gott sei Dank! – Heino erkennt die Gefahr rechtzeitig und kann gerade noch ausweichen. Der Auflieger schwenkt zurück und kracht auf die Fahrbahn, von einem Funkenmeer eingehüllt.

Der Fahrer fährt zu unserem Erstaunen unbeirrt in diesem Tempo weiter und kümmert sich nicht darum, dass er mittlerweile ›hinten ohne‹ ist. Es dauert eine ganze Weile, bis wir ihn mit unserem altersschwachen Gefährt eingeholt haben. Wir zeigen nach hinten, und erst jetzt bemerkt er, dass sich sein Gefährt wesentlich verkürzt hat! Im Rückspiegel sehen wir noch, wie er

---

32 Eine Glaubensgemeinschaft mennonitischer Prägung, die sehr starken Wert auf die Tradition legt und in etwa noch so lebt, wie es zur Zeit der Reformation üblich war (schwarze Kleidung, kein Telefon, keine Elektrizität, keine Autos usw.).

einfach auf der Autobahn parkt; aber wie es ihm dann gelingt, zu dem verlorenen Auflieger zurückzugelangen, entzieht sich unserer Kenntnis.

Als wir schließlich bei Heino zu Hause ankommen, erwartet uns seine etwas verschreckte Ehefrau. Sie fragt ihren Mann: *»War da eben irgendetwas Besonderes auf der Autobahn? Ich habe so für euch beten müssen!«* Und wir erkennen, dass es genau in der Zeit war, als wir in Gefahr standen, von dem sich lösenden Auflieger begraben zu werden!

Als ich dann später von dem eigenartigen ›Torontosegen‹ höre, dem ja leider viele Christen und solche, die sich dafür halten, auf den Leim gegangen sind, muss ich zurückdenken an diese Begebenheit, wo wieder einmal der Herr über mir gewacht und Seine segnenden Hände über uns gehalten hat.

Endlich wieder in Afrika (Kinshasa im Februar 1985)

Auf dieser ersten Amerikatour erzähle ich auch von unserem Vorhaben, in Afrika mit einheimischen Geschwistern solche Bibelcenter zu gründen, wie wir sie selber seit etlichen Jahren von Deutschland aus betrieben haben. Und ich bitte meine amerikanischen und kanadischen Geschwister, uns im Gebet zu unterstützen, damit dieses Vorhaben gelingt und deutlich wird, dass der Herr uns den Auftrag dazu gegeben hat.

Wo aber können wir geeignete Leute dafür finden? Nun, in einigen Ländern sind schon seit Jahren Übersetzerteams tätig, die unsere Kleinschriften und Traktate in die jeweiligen Dialekte übersetzen[33]. Sie tun das ohne jegliche Bezahlung. Einer dieser treuen Mitarbeiter ist Bruder Kalombo aus Kinshasa, der Hauptstadt des Zaire, mit dem ich seit 1973 in Kontakt bin und dessen unermüdlichem Einsatz wir bereits eine Reihe von Überset-

---

33 Neben der Emmaus-Fernbibelschule gehört zu unserem Missionswerk auch der Verlag ›EDITION DE LITTERATURE BIBLIQUE‹, der sich vornehmlich der Herausgabe fremdländischer Literatur widmet.

zungen ins Lingala[34] verdanken. Er ist begeistert von dem Gedanken, eine solche Arbeit in Kinshasa aufbauen zu können und lädt mich zum ersten Seminar ein. Im Februar 1985 können wir (Johannes Isaak[35] von der Mennoniten-Brüdergemeinde in Waldbröl und ich selber) an fünf verschiedenen Orten vor überwiegend hochmotivierten Zuhörern ein jeweils dreitägiges Einführungsseminar halten. Bruder Kalombo hat alles bestens organisiert.

In der ›Gemeinde zur letzten Trompete‹

Von dieser ersten Besuchsreise in den Zaire bleibt mir als Erinnerung vor allem der Sonntagabend in der Gemeinde ›Zur letzten Trompete‹. Zunächst geht es zu Fuß über den großen Autofriedhof, der an der Straße zum Flughafen liegt. Danach noch einen Hügel hinauf, und dann ›geht die Post ab‹. Selten habe ich eine so temperamentvolle Begrüßung erlebt. Die Gemeinde macht ihrem Namen alle Ehre! Mit der großen, der mittleren und der kleinen Urwaldtrommel, mit Kastagnetten, Trompeten und weiteren Blasinstrumenten, dazu einem nicht ganz leisen Chor – so geht es weit über eine Stunde. Und als schließlich die Chorleiterin und ein weiteres Gemeindeglied in Ekstase geraten, bitte ich den Leiter, die Musik einzustellen. Das scheint ihm zwar überhaupt nicht zu gefallen, aber schließlich kehrt doch Ruhe ein und auch die beiden in Ekstase geratenen Personen sitzen wieder auf ihren Plätzen.

Am Ende der Stunde sitzen der Leiter, seine Frau und ich noch zusammen. »Das hat euch eben leid getan, die Musik einzustellen und dadurch die Begrüßung abzukürzen, nicht wahr?« – Die beiden bejahen. »Nun, was sich da abspielte, war nicht vom Heiligen Geist!« – »Ja, aber wieso denn nicht?« – »Ihr kennt doch sicher die neunfache Frucht des Geistes in Gal 5,22. Die letzte Teilfrucht heißt ›Enthaltsamkeit‹ oder auch ›Selbstkontrolle‹ bzw. ›Selbstbeherrschung‹. Das bedeu-

---

34 Wird in der Hauptstadt gesprochen und vor allem auch unter den Soldaten.
35 Für diesen Bruder ist die Reise der Anlass, einige Zeit später in die Mission zu gehen, und zwar in den Tschad, wo er vor allem in der Baubranche tätig werden wird.

tet doch, dass niemals der Heilige Geist die Ursache sein kann, wenn jemand die Kontrolle über sich selber verliert. Auch 1. Korinther 14 bestätigt das, wenn es dort heißt, dass die Geister der Propheten den Propheten untertan sind.«

Die Frau wendet sich zu ihrem Mann. *»Siehst du, ich habe dir doch schon oft gesagt, dass das nicht vom Heiligen Geist sein kann!«* – In der Folge zeigt sich, dass in dieser Gemeinde eine große Bereitschaft vorliegt, bisherige Überzeugungen und Gewohnheiten zu überdenken und gegebenenfalls aufzugeben. So kann über viele Jahre eins unserer Bibelcenter hier arbeiten.

Beim Propheten, der aus den Toten auferstand

Eine weitere Einladung erfolgt in eine Gemeinde, deren Namen mir entfallen ist. Sie wurde gegründet von einem noch relativ jungen Mann, der angeblich aus den Toten auferstanden war. Schon der Empfang ist überwältigend. Die ›Würdenträger‹ haben sich im Spalier aufgestellt, auf dem Boden vor ihnen sind Tücher ausgebreitet. Man bedeutet mir, dass dieser ›heilige Ort‹ nur barfuß betreten werden darf und wir uns nun als ›Prozession‹ über diese Tücher in das ›Heiligtum‹ begeben sollen. Das alles kommt mir reichlich verdächtig vor. Wo bin ich hier nur hineingeraten?! Ich erkläre dem selbsternannten ›Propheten‹: *»Ich bin es nicht gewohnt, barfuß zu predigen.«* Der Ältestenrat steckt die Köpfe zusammen: Sie wollen mit mir einmal eine Ausnahme machen; ich darf meine Sandalen anbehalten!

Außer der Gemeinde sind auch die wichtigsten politischen Persönlichkeiten dieses Teiles von Kinshasa eingeladen. Jeder einzelne wird vorgestellt und mit Fanfarenklängen begrüßt. Während dieser ausführlichen Begrüßung beobachte ich, wie der ›Prophet‹ von seinen Gläubigen verehrt wird. Nicht nur sitzt er auf einem besonderen, thronähnlichen Stuhl erhöht vor der Gemeinde, auch sein ›Prophetengewand‹ weist ihn als eine außergewöhnliche Persönlichkeit aus. Diejenigen, die sich ihm nahen, um irgendeine Botschaft weiterzugeben, tun dies mit Zeichen äußerster Ergebenheit. Der Saal ist rappelvoll, der Sauerstoff gering, und die Temperatur unter der glühenden Nachmittagssonne unter dem Blechdach ist nicht von Pappe! Endlich kann ich meine Botschaft geben: »*Gott widersteht dem Hochmütigen, aber dem Demütigen schenkt Er Gnade!*« (1Petr 5,5). Dabei beobachte ich den ›Propheten‹. Er hört aufmerksam zu und scheint nicht zu bemerken, dass ich versuche, Gottes Wort speziell in seine Situation hinein zu aktualisieren.

Nach der Predigt lädt er mich zum Essen ein. In einem angrenzenden, ziemlich düsteren Raum ist ein opulentes Mahl zubereitet. Jeder kann sich selbst bedienen. Unter anderem wähle ich etwas, das wie eine Tomate aussieht, und beiße herzhaft hinein. Aber o weh! In meinem Mund befindet sich keine Tomate, sondern eine ›pili-pili‹! So nennen die Afrikaner den roten Pfeffer. Es ist das schärfste Gewürz in diesen Ländern, und man nimmt normalerweile nur jeweils eine Messerspitze davon zu sich. Was mögen wohl meine Gastgeber gedacht haben, als ich mir die gesamte Portion auf den Teller lud? Sicher haben sie sich gewundert, was dieser ›blanc‹ (der Weiße) so alles vertragen kann!

Für die nächsten fünfzehn Minuten bin ich außer Gefecht gesetzt. Ich bekomme kaum noch Luft. Ein Erstickungsanfall folgt dem nächsten, der Hals ist wie zugeschnürt. Schließlich lässt das Würgen nach, der Atem geht wieder ruhiger, und ich kann meinen Freunden erklären, wie es zu dieser Verwechslung kam. Bei dieser Gelegenheit richte ich auch ein paar Takte an den ›auferstandenen Propheten‹ im Hinblick auf das Wort unseres Herrn: »*Einer ist euer Meister, ihr alle aber seid Brüder*«.

Erfreut bemerke ich, dass er keineswegs beleidigt reagiert. Bei unseren nächsten Treffen erscheint er im normalen Anzug und setzt sich zu den Brüdern, ohne einen besonderen Platz für sich zu reklamieren!

Bei der Witwe des Gouverneurs

Die nächste Reise in den Zaire ist für den August desselben Jahres geplant. Zunächst halten wir Seminare in der Hauptstadt, dann in Lubumbashi am anderen Ende des Riesenreiches[36], und zum Schluss geht es ins Landesinnere, in die Diamantenhauptstadt Mbuji-Mayi.

Das Kuriose an dieser Planung ist: Auch der Papst besucht dieselben Städte, nur jeweils einen Tag später als ich. Das hat einige lustige Begebenheiten zur Folge, auf die ich jetzt nicht näher eingehen möchte. Was mich aber sehr beeindruckt auf dieser Fahrt, ist die Geschichte, die mir die Gouverneurswitwe erzählt, als ich bei ihr in der Residenz in Lubumbashi untergebracht bin.

Ich hatte bemerkt, dass sie als Witwe zusammen mit ihren noch halbwüchsigen Kindern immer noch im Amtssitz ihres verstorbenen Mannes wohnt. Da mir bekannt ist, dass die Witwen von ›Höhergestellten‹ gewöhnlich sehr schnell nach dem Tod der Männer verstoßen und aller Besitztümer beraubt werden, frage ich sie nach den näheren Umständen. So erzählt sie mir ihre Geschichte:

»Mein Mann, der Gouverneur dieser Shabaprovinz (heute Katanga), erkrankte schwer und musste zur Operation nach Brüssel. Dort stand es sehr kritisch um ihn; ich reiste ihm nach und konnte ihn auf dem Sterbebett noch zu Christus führen. Nach seinem Tod erschien dann seine Verwandtschaft und begann bereits – wie es üblich ist – Hab und Gut unter sich aufzuteilen. Aber noch lebte der Vater meines verstorbenen Mannes. Er berief relativ schnell eine Familienversammlung ein, um das letzte Wort darüber zu sprechen. Eine Woche vor diesem Termin habe ich mich mit meiner Freundin eingeschlossen und gefastet und gebetet. Meine Kinder waren damals alle noch unmündig, und ich musste damit rechnen, alles zu verlieren und auch nichts mehr für meine Kinder übrig zu behalten. – Dann kam der entscheidende Tag. Mein Schwiegervater hatte auch Militär zu dem Tagungsort beordert, und als alle versammelt waren, erhob er sich und sagte folgendes: ›Meine Schwiegertochter ist eine so gute Frau für meinen Sohn gewesen und eine so gute Mutter seiner Kinder, dass ich hiermit anordne, dass alles, was meinem Sohn gehörte, in den Besitz mei-

---

36 Das damalige Zaire – heute die ›Demokratische Republik Kongo‹ – ist so groß wie Westeuropa zusammengenommen.

ner Schwiegertochter übergehen soll. Und‹, fügte er hinzu, ›wagt es nicht, auch nur eine Gabel oder einen Löffel aus ihrem Haus zu holen! Damit meinem Entschluss Folge geleistet wird, ordne ich hiermit an, dass die Residenz Tag und Nacht vom Militär bewacht wird und niemand hineingehen darf außer mit schriftlicher Erlaubnis meiner Schwiegertochter.‹ Meinen Verwandten stand der Mund vor Staunen offen. Noch niemals hat man etwas Vergleichbares in diesem Land gehört.«

Mein Herz jubelt. Wie wunderbar ist doch unser Gott! Hier ist diese einfache Frau, wenn auch in hoher Stellung. Sie kennt nicht viel von Gottes Wort. Sie ist Mitglied der katholischen Kirche, charismatisch beeinflusst, aber dadurch zum Bibellesen gekommen. Und das Wenige, das sie im Glauben erfasst hat, genügt, um sich diesem großen Gott anzuvertrauen, dem Vater der Witwen und Waisen. Dadurch kann sie diese herrliche Glaubenserfahrung machen, um die sie sicher mancher ›gestandene Christ‹ in unseren Breiten beneiden wird. Ich habe mich in der Folgezeit noch mehrmals nach dieser Witwe Muhona erkundigt, und überall wird mir die Wahrheit ihres Berichtes bescheinigt. Es ist ein außerordentliches Zeugnis über das Eingreifen Gottes in unseren Tagen. Und ich kann abschließend bezeugen: So ungestört wie in ihrer Residenz in Lubumbashi habe ich tatsächlich niemals mehr in diesem Land geschlafen …

Eine denkwürdige Eisenbahnfahrt

In diesem Teil des Landes gibt es auch eine Eisenbahn. Sie ist Teil eines Netzes, das ursprünglich von der Ostküste zur Westküste gebaut wurde und somit eine Durchquerung des afrikanischen Kontinents ermöglichen sollte. Größere Strecken wurden allerdings niemals vollendet, so dass nur einige Zwischenstücke befahrbar sind. Die Verlegung der Schienen scheint dabei geraume Schwierigkeiten gemacht zu haben, denn die beiden Gleise laufen selten parallel. Das hat zur Folge, dass der Zug eine Höchstgeschwindigkeit von 50 km/Std. in der Regel nicht überschreitet. Und wenn er es dennoch versucht, entgleist er! (Ich kann mich an keine Eisenbahnfahrt erinnern, bei der nicht entweder der vorhergehende oder der nachfolgende Zug entgleist wäre – was die teilweise tagelangen Verspätungen erklärt.)

Trotz der Risiken einer solchen Eisenbahnfahrt bleibt mir keine andere Wahl. Die Orte, in denen interessierte Geschwister auf uns warten (dieses Mal begleitet mich ein einheimischer Mitarbeiter namens Mushidi Mukanda-Bantu), liegen direkt an dieser Bahnstrecke oder sind nur über sie zu erreichen.

Die erste Station ist Likasi, wo eine deutsche Missionarin seit vielen Jahren ihren Dienst tut. Danach geht's weiter nach Luena, einem kleineren Ort, wo wir uns infolge Raummangels im Freien versammeln und massiv gestört werden durch ein kleines Mädchen, das offensichtlich von bösen Geistern besessen ist. Ich muss gestehen, dass ich mir in dieser Situation ziemlich hilflos vorkomme, da die Störung ganz unvermittelt während der Verkündigung beginnt. Die kleine Person ist relativ weit von mir entfernt und schreit mit einer solchen Lautstärke, dass ich Mühe habe, mir selbst in der direkten Umgebung Gehör zu verschaffen. Ich habe den Eindruck, dass der Teufel mit allen Kräften versucht, die Botschaft des Evangeliums zu unterbinden, und bin froh zu sehen, dass der Herr trotz allem schließlich den Sieg behält. Bis heute arbeitet an diesem Ort eines unserer Bibelcenter, das auch weitere Center von dort aus ins Leben gerufen hat und betreut.

Auf dieser Fahrt von Likasi nach Luena im August 1985 habe ich noch ein weiteres denkwürdiges Erlebnis. Irgendwie hat man in Likasi versäumt, uns beiden rechtzeitig eine Fahrkarte mit Reservierung zu besorgen. So landen wir in einem Waggon, der mit etwas ›zwielichtigen‹ Personen besetzt ist. Ein junger Mann – Mitte Zwanzig mag er vielleicht sein – verschafft sich Zugang zu unserem Abteil und fängt an, mich anzupöbeln und sich über mich lustig zu machen. Einen ganzen Trott von Gleichgesinnten hat er im Schlepptau. Ich frage meinen Reisegenossen, was zu tun sei. Er zuckt die Schultern. Vielleicht sollte man das Zugpersonal benachrichtigen? Das leuchtet ihm ein. Er gibt allerdings zu bedenken, dass es eine Weile dauern wird, bis er mit dem zuständigen Mann zurück sein kann, denn der Zug ist so überfüllt, dass man kaum hindurch kommt. Und damit verschwindet er.

Den jungen Mann scheint nichts zu beeindrucken. Immer wieder erscheint er im Abteil. Die Meute folgt ihm grölend auf den Fersen und schnappt begierig jedes Wort auf, das er dem dummen Weißen hämisch grinsend ins Gesicht schleudert. Ich merke, wie die Spannung zum Sieden kommt. Irgendetwas muss geschehen. Von den Mitreisenden kann ich keine Hilfe erwarten. *»Das ist der Mobutismus«*, hatte mir Bruder Mushidi noch zugeflüstert, bevor er losging, *»da kann man halt nichts machen!«*

Ich erinnere mich an die Moschee in Dakar, an den Aufstand im Dorf, an den Aufruhr der Häuptlinge und an manch andere Gelegenheiten, bei denen mich der Herr in den letzten Jahren bewahrt hat. Sollte Ihm irgendetwas unmöglich sein? – Ich liege auf der oberen Reihe im Liegewagen. Mit einem Riesensatz springe ich herab – dem Spötter, der gerade wieder ins Abteil eindringt, direkt vor die Brust. Er taumelt. Ich drücke nach, und schon ist er draußen. Damit hat er wohl nicht gerechnet! Verdutzt schaut er mich an – und leitet den Rückzug an. Noch stundenlang grölt er mit seiner Horde Spottlieder draußen auf dem Gang, aber er kommt nicht mehr herein! Ja, auch hier draußen, mitten im Busch, als Weißer allein unter Tausenden von Schwarzen, bin ich doch nicht verlassen ... *»denn Du bist bei mir, Dein Stecken und Dein Stab, sie schützen mich!«*

Nach weiteren Etappen kommen wir schließlich einige Tage später in Muena-Ditu an, wo wir vom Zug auf den Bus umsteigen wollen. Die Ankunft ist unglücklicherweise kurz vor Mitternacht. Auf dem Bahnsteig finden wir einen riesigen Menschenauflauf vor. Militär überall. Kontrollen. *»Wo ist Ihre Spezialerlaubnis für Mbuji-Mayi?«* – *»Hier, bitte sehr, abgestempelt wie verlangt von allen Behörden entlang der Strecke.«* – *»Aber das ist ja ein völlig wertloses Papier. Das mag ja im Shaba gelten, aber nicht hier bei uns!«* Meine Befürchtungen bewahrheiten sich. Man hat uns die ganze Zeit an der Nase herumgeführt. Wieder einmal werde ich verhaftet. Die Papiere muss ich abgeben und soll mich am nächsten Tag beim Hauptkommissar melden. Auch die Erklärungsversuche meines Begleiters nützen nichts. Wir verbringen eine unruhige Nacht auf dem Bahnhof, zusammen mit weiteren Reisenden, denen es wie uns ergangen ist.

Am Morgen geht es zum Hauptkommissar. Er entpuppt sich als gewichtig dreinblickender Beamter, der sich offensichtlich über die Abwechslung seines tristen Alltags freut. Er schreibt einen Brief, versiegelt ihn von allen Seiten und befiehlt mir, ihn seinem Vorgesetzten im 120 Kilometer entfernten Mbuji-Mayi zu bringen – mit besten Grüßen von ihm.

Wie gerne hätte ich gewusst, was in dem Kuvert stand. Aber er war ja sorgfältigst versiegelt! Nicht auszudenken, was geschehen würde, wenn ich ihn einfach öffnete! Immer wieder kommt mir die Geschichte von Urija ins Gedächtnis, der sein eigenes Todesurteil bei sich trug, als er Davids Brief an seinen Heerobersten Joab weiterbeförderte. Andererseits weiß ich mich in Gottes Hand. Er, der bisher so wunderbar über mir wachte, wird auch weiterhin Seine gute Hand über mich halten!

Bei der Ankunft in Mbuji-Mayi ist mein erster Gang zum Kommissar. Er besieht sich den Brief von allen Seiten, prüft, ob die Siegel noch intakt sind, und liest dann den Inhalt: Ich muss unverzüglich das Land verlassen! »*Aber ich habe doch noch ein größeres Seminar in dieser Stadt abzuhalten. Viele interessierte Menschen warten darauf. Das kann doch nicht in Ihrem Sinne sein, dass wir das alles absagen, nur weil mich die Behörden der Nachbarprovinz mit den falschen Papieren ausgestattet haben!*« – Er hat ein Einsehen und gewährt mir die benötigte Zeit. Aber ich muss im Hotel wohnen und jederzeit verfügbar sein!

Nach dem Seminar darf ich leider nicht mehr zurück nach Likasi, wo ein weiteres Seminar geplant ist, sondern muss direkt über Kinshasa in die Heimat ausreisen. So bitte ich meinen Bruder Mushidi, an meiner Stelle zurückzufahren und die Geschwister von der erzwungenen Änderung zu unterrichten. Ich selber nehme in Kinshasa ein anderes Flugzeug. Darin komme ich inmitten einer zairischen Familie zu sitzen: ein Baptistenpastor mit Frau und etlichen Kindern, die nach Deutschland ausreisen. Sie kommen aus Butembo, ganz im Osten des Landes gelegen, nicht weit von Goma entfernt. Er ist von einer deutschen Mission eingeladen, als Auslandreferent für vier Jahre das Missionsinteresse der Deutschen anzukurbeln. »*Kennen Sie die Emmaus-Fernbibelschule?*« – »*Ja, natürlich, aus Morsbatsch*[37] *in Deutschland.*« Wie freut er sich, nun den Leiter kennenzulernen. »*Einige meiner Gläubigen machen auch die Bibelfernkurse dort.*« Ich erinnere mich, dass ich vor einiger Zeit einige dieser Bibelkurse in Händen hielt. »*Haben Sie nicht das Postfach 9 in Butembo?*« Er bejaht und wir erleben zusammen eine fröhliche Reise.

In Deutschland angekommen erhalte ich einige Tage später einen Trauerbrief, der an meine Frau gerichtet ist. »*Wir müssen Ihnen leider mitteilen, dass Ihr Mann in Mbuji-Mayi vergiftet worden ist.*« Man hatte diese Nachricht meinem Mitarbeiter hinterhergesandt, als er zurück nach Likasi reiste, und er schrieb nun diesen traurigen Brief. Wie gut, dass der Totgesagte bereits selber zuhause ist!

Rundreise Zaire – Kamerun – Benin 1986

Die Ausweisung im vorigen Jahr scheint keine weiteren Folgen für mich zu haben. So geht es im darauffolgenden Jahr wieder einmal gen Süden, dieses Mal mit dem kanadischen Bruder und Bibellehrer Heino Promm. Die Ankunft in Kinshasa ist etwas problematisch, weil wir erst kurz vor Mitternacht aus dem Flughafen kommen und man in Kin nicht gerne des Nachts unterwegs ist. Und richtig: Kurz vor der Ankunft in unserem Quartier versperrt uns ein Trio den Weg. Sie versuchen, die Tür zu unserem Taxi aufzureissen, wir stemmen uns mit aller Gewalt dagegen. Der Chauffeur wirkt ziemlich kopflos – mal fährt er ein paar Schritte vor, dann wieder zurück. Wir wissen nicht genau, was wir davon halten sollen. Erst als wir ihn energisch auffordern, mehr Gas zu geben, sind wir die Banditen los. Es ist noch einmal gutgegangen.

Bei diesem Besuch möchten wir auch gerne eine Reise nach Kikwit unternehmen, wo ebenfalls Interesse an einigen Bibelcentern besteht. Die Straße dorthin ist jedoch ziemlich berüchtigt,

---

37 So sprechen die Afrikaner ›Morsbach‹ aus.

weniger wegen der Überfälle, sondern eher hinsichtlich ihres Zustandes und der oft sehr abschüssigen Strecke – und nicht viele Fahrzeuge haben funktionstüchtige Bremsen! Woher sollen wir einen zuverlässigen Wagen nehmen? Wem können wir uns anvertrauen?

Da kommt uns der Herr wieder einmal zu Hilfe! Der Sicherheitschef von Kinshasa hat sich kurz vorher bekehrt. Er zeigt sich sehr interessiert an unserer Arbeit, lädt mich zum Abendessen ein und wir führen ein sehr angenehmes und erfreuliches Gespräch über geistliche Dinge. Am Ende des Abends frage ich ihn, ob er mir hinsichtlich der geplanten Reise einen Rat geben kann. »Ach«, meint er, »das ist kein Problem. Nehmen Sie doch einfach meinen VW-Bus. Den Chauffeur kann ich Ihnen ebenfalls überlassen.« Wie gütig ist doch unser Herr! Er hat auf Seine Weise für beides gesorgt: Wir haben nun ein ordentliches Auto, das groß genug ist, auch noch einige Mitarbeiter mitzunehmen, und dazu einen Chauffeur, der die Strecke bestens kennt. Außerdem steckt der Geheimdienstmann mir noch seine Visitenkarte zu, die mir später noch sehr nützliche Dienste erweisen sollte.

Die Fahrt dorthin – eine Strecke von 550 Kilometern quer durch den Busch – ist mal wieder ein besonderes Erlebnis. Rechts und links der Straße liegt ein ausgebranntes bzw. ausgeschlachtetes Fahrzeug nach dem anderen[38]. Über uns kreisen Geier, die auf ihre nächsten Opfer warten. Man erzählt uns von grausigen Unfällen, teilweise geradezu grotesk, wenn man an ihre Entstehung denkt. Neben einer Brücke am Ufer eines kleinen Flusses entdecke ich die Skelette eines Tanklasters und eines Busses, die zur gleichen Zeit unterwegs gewesen waren. Keiner der beiden Fahrer wollte dem anderen den Vortritt lassen. So rasten sie mit Vollgas auf die Brücke zu, um vor dem anderen dort anzukommen. Und auf der Mitte erfolgte dann der Zusammenstoß. Ich kann mich nicht mehr an die Zahl der Opfer erinnern, aber sie war nicht gerade gering ...

In Lubumbashi erzählte man mir von zwei befreundeten Bus-

---

38 Lediglich in der Hauptstadt werden die nicht mehr fahrtüchtigen Fahrzeuge auf den Autofriedhof gebracht; in den kleineren Städten und vor allem auf dem Lande bleiben sie am Rande der Straße liegen und werden dort ausgeschlachtet.

fahrern, die die gleiche Strecke befuhren, nur jeweils in umgekehrter Richtung. Wenn der eine von Lubumbashi abfuhr, verließ der andere das 120 Kilometer entfernte Likasi. Auf der Mitte der Strecke trafen sie sich. Wenn sie den jeweils anderen auf sich zukommen sahen, wechselten sie kurz vor der Begegnung die Straßenseite, und jeder fuhr auf der jeweils linken Seite am anderen vorbei. Welch eine Panik das bei den Passagieren auslöste, die von diesem eigenartigen ›Scherz‹ nichts wussten, kann man sich gut vorstellen. – Eines Tages nun war der eine Busfahrer verhindert und wurde durch einen anderen ersetzt. Der wusste allerdings nichts von dieser Abmachung, und der entgegenkommende Fahrer war auch nicht informiert, dass dieses Mal ein anderer am Steuer saß. Als er dann auf die linke Straßenseite wechselte, wunderte er sich sicher, dass der andere Bus auf der rechten Spur weiterfuhr. Und das war wohl der letzte Gedanke, der durch seinen Kopf ging. Der unvermeidliche Zusammenstoß forderte über einhundert Tote.

Nun, hier auf der Strecke nach Kikwit wurden die meisten Unfälle durch den desolaten Zustand der Fahrzeuge (meistens Lkw) verursacht. In Kinshasa selber wäre uns das um ein Haar auch einmal zum Verhängnis geworden, als wir nachts noch unterwegs waren und uns ein einäugiges Fahrzeug entgegenkam, das mein Fahrer offensichtlich für ein Motorrad hielt. Im letzten Augenblick erkannte ich, dass es ein riesiger Lkw war, dessen Scheinwerfer nur rechts leuchteten. Ich konnte dem Fahrer gerade noch rechtzeitig ins Steuer greifen, um einen Frontalzusammenstoß zu vermeiden … Immer wieder hören wir von Missionaren, die durch Verkehrsunfälle ums Leben gekommen sind. Deshalb ist es wichtig, für die gefährliche Situation auf Afrikas Straßen zu beten!

Da Überfälle durch Banditen oder marodierende Soldaten zunehmen, ist auch diesbezüglich Gebet nötig. Das erleben wir auf der Rückreise von Kikwit: An einer Wegbiegung springt ein Trupp Soldaten aus dem Gebüsch. Ihre Absichten scheinen nicht allzu freundlich zu sein. Ich bitte den Anführer zu mir. »*Kennen Sie diesen Mann? Das ist mein Freund. Ob er sich wohl freut, wenn ich ihm erzähle, was hier abgeht?*« Ich zeige ihm die Visitenkarte des

Geheimdienstchefs. Der Mann erkennt sehr schnell die Situation. Er salutiert. Ein paar Worte zu seinen Untergebenen, und der Weg wird freigegeben. Damit kann die Reise weitergehen …

Seltsame Entdeckungen

Auch dieses Mal geht es nach Kamina mit der Eisenbahn. Während Heino Promm, der kanadische Bruder, in Lubumbashi bleibt, veranstalte ich unser zweites Seminar, zu dem die Interessierten aller Gemeinden von Kamina und Umgebung eingeladen sind. Die beiden Bischöfe der anglikanischen und methodistischen Kirche boykottieren uns allerdings und warnen ihre Gläubigen davor, die Stunden zu besuchen, denn: »*Martin Vedder lehrt, dass es in der Frühkirche keine Bischöfe gab, die über mehrere Gemeinden zu wachen hatten, sondern im Gegenteil sogar mehrere ›Bischöfe[39] in ein und derselben Gemeinde. Und dass die Ältesten Bischöfe sind und die Bischöfe ›nur‹ Älteste. Das untergräbt unsere Autorität!*« – Trotz dieser Warnung ist das Seminar bestens besucht und für den weiteren Fortgang der Arbeit im Landesinnern von erheblicher Bedeutung.

Besonders freut mich der Wunsch, das Erlernte in die Praxis umzusetzen. So kommen gegen Ende des Seminars einige Brüder zu mir mit einem besonderen Anliegen. »*Bruder Martin, hast du uns nicht gelehrt, dass ein Ältester nur **eine** Frau haben soll, nicht mehrere?*« – Ich bejahe das. »*Aber wie kommt es dann, dass der Leiter eines eurer Bibelcenter hier ein Polygamer[40] ist?*« – Ich kann es kaum glauben. »*Erinnerst du dich vielleicht, was geschah, als du das Photo von diesem Bruder machtest? Er ließ sich zunächst mit seinen ältesten und dann mit den jüngsten Kindern photographieren. Und er verscheuchte eine Frau, die auch auf das Photo wollte?!*« – Als sie mir davon berichten, fällt es mir wieder ein. »*Das ist seine dritte Frau. Die erste hat er verstoßen, die zweite hält er in seinem Dorf fest, und mit der dritten lebt er hier unter uns!*«

---

39 Bischof (griechisch ›episkopos‹) und Ältester (presbyteros) sind im NT dieselbe Personengruppe (siehe Apg 20, 1Tim 3.5 u.a.).
40 Polygamie = Vielweiberei; d.h. ein Mann ist mit zwei oder mehr Frauen verheiratet.

Jetzt kommt es drauf an: Reden wir nur schön daher, oder handeln wir auch, wenn Gottes Wort so eklatant mit den Füßen getreten wird? Wir bitten den Mann zu uns und versuchen, ihm ins Gewissen zu reden. Sicher, er kann seine Situation jetzt nicht mehr so ohne weiteres ändern. Aber hat er denn vergessen, was wir ausführlich in den Seminaren behandelt haben – dass unser Vorbild wichtig ist?! Gerade wenn es um Ehe und Familie geht! Es handelt sich in den bekannten Bibelstellen zwar um Älteste und Aufseher, doch wir hatten mehrmals darauf hingewiesen, dass wir für die Leiter der Bibelcenter einen ähnlichen Maßstab anlegen müssen. – Der Betroffene zeigt sich leider wenig einsichtig und versucht sich herauszureden, indem er anfängt, andere schlecht zu machen. Aber uns allen ist klar: Hier müssen wir handeln und können nicht einfach schweigen.

Am nächsten Tag ist Sonntag und das große Abschlussseminar. Alle sind noch einmal gekommen. Im Beisein der Mitarbeiter aus den unterschiedlichsten Kreisen unterrichten wir die Versammelten von unserer gemeinsam getragenen Entscheidung, uns von diesem polygamen Mitarbeiter zu trennen, weil dem Hause Gottes Heiligkeit geziemt und wir Gott nicht nach unseren eigenen Vorstellungen dienen können, sondern nur so, wie Er uns dazu anleitet! Ein tiefer Ernst liegt auf der Versammlung. Ich bin sehr beeindruckt, wie die Geschwister mit dieser Entscheidung umgehen. Mein Dank geht nach oben zu Dem, der die Herzen lenkt wie Wasserbäche, und Dem wir auch vertrauen wollen, dass Er aus dieser traurigen Lage noch etwas Gutes hervorkommen lässt.

Ebenfalls in Kamina machen wir Bekanntschaft mit dem Leiter der **Militärseelsorge**, der mich eines Tages mitnimmt auf die große Militärbasis. Hier höre ich zum ersten Mal in meinem Leben einen Soldatenchor! Dieser Bruder wird in der Folgezeit vom Herrn gebraucht werden, um uns auf allen Militärstützpunkten des Landes die Türen zu öffnen. Dadurch dürfen wir Tausende von Soldaten aller Ränge mit unseren Bibelkursen bekanntmachen. Sicher werden wir viele von ihnen in der Herrlichkeit wiedersehen!

Einen der beiden Bischöfe, die das Seminar boykottierten,

treffe ich übrigens einige Jahre später noch einmal in Lubumbashi. Da bittet er mich, ihm beim Bau einer theologischen Ausbildungsstätte zu helfen. Und als bei der Verabschiedung das Taxi angeschoben werden muss, damit es wieder flott wird, ist er sich nicht zu schade mitanzupacken.

Besuch beim König der Luba

Und dann ist da noch die Begegnung mit dem König der Luba. Ich wusste bis dahin nicht, dass es überhaupt noch einen solchen König im Zaire gab! Man klärte mich aber auf, dass er über etwa fünf Millionen Untertanen verfügt und noch immer als einer der mächtigsten Herrscher gilt. Dem muss ich natürlich unbedingt einen Besuch abstatten! Zumindest ist das die Meinung meiner Freunde.

Also gehen wir zur Residenz. Der König ist jedoch nicht da; er wohnt einem Fußballspiel bei. »Da werden Sie ihn sicher mühelos finden«, ist die Auskunft des Personalchefs. Weiter geht's zum Fußballplatz. Tatsächlich, da sitzt er auf einem fahrbaren Thron, umringt von seinen Würdenträgern. Vor und neben ihm stehen finster dreinschauende, mit Speeren bewaffnete Krieger. Wie soll ich mich hier richtig verhalten? – Nun, der Mann selber sieht nicht gerade gefährlich aus. Es ist ein bebrillter Jüngling von schmächtiger Statur, den ich auf Ende Zwanzig schätze. Er hat in Oxford studiert und scheint sich zu freuen über die Unterhaltung mit dem Missionar, der so unkonventionell daherkommt. Für mich ist es schwer nachzuvollziehen, wie eine so ausgezeichnete Ausbildung zu dieser Umgebung passt, die tausend Jahre hinter der Zivilisation herzulaufen scheint.

Mittlerweile weiß ich, dass es garnicht unüblich ist, dass Afrikaner, die in der Stadt als Bankdirektor, höhere Beamte oder Politiker tätig sind, in ihrem Heimatdorf alles städtische Wesen ablegen und sich wieder der Tradition zuwenden – mit allem, was dazugehört! Und auch bei vielen ›Christen‹ ist zu befürchten, dass im Zweifelsfall der Gang zum Zauberer, dem Fetischisten, schneller erfolgt als das vertrauende Warten auf Gottes Eingreifen in Not und Gefahr.

Beim Vizechef des Geheimdienstes in Douala/ Kamerun

Jetzt endlich, nach dreizehn langen Jahren, kann ich auch wieder in Kamerun einreisen. Bei meiner Abschiebung 1973 war mir ja bedeutet worden, dass nur ein Hilfsgesuch an den Präsidenten mir die nächste Einreise ermöglichen würde. Die ganze Zeit hatte ich innerlich keine Freiheit gehabt, ein solches Gesuch bei einem moslemischen Präsidenten einzureichen. Lieber wollte ich es dem Herrn überlassen, den rechten Zeitpunkt für eine solche Reise zu bestimmen. Und Er hat dieses Problem wieder auf Seine Art gelöst.

Zwei Jahre vorher war nämlich die Wahl des französischen Staatspräsidenten gewesen. Dabei machte wohl der kamerunesische Präsident öffentlich Propaganda für den bisherigen Amtsinhaber Giscard D'Estaing. Gewählt wurde allerdings der Gegenspieler, Francois Mitterand. Der war so erbost über die öffentliche Parteinahme für seinen unterlegenen Konkurrenten, dass er sich auf eigene Art bei Ahidjo, dem kamerunesischen Präsidenten, ›bedankte‹. Er wusste nämlich, dass Ahidjo sich jedes Jahr in Frankreich bei verschiedenen Ärzten untersuchen ließ. Nun bat Mitterand die Ärzte, dem Kameruner mitzuteilen, dass seine Gesundheit schwer angeschlagen und sein Leben in unmittelbarer Gefahr sei, wenn er weiterhin die anstrengende Tätigkeit als Staatspräsident ausübe. Ahidjo bekam Angst und demissionierte auf der Stelle, behielt aber zunächst noch den Posten des Parteivorsitzenden. Nach etwa sechs Monaten kam er hinter die Schliche des Franzosen und unternahm einen Staatsstreich. Das wurde seinem Nachfolger Dr. Biya aber noch rechtzeitig mitgeteilt. Er konnte vor den heranrückenden Rebellentruppen aus dem Palast fliehen und seine Getreuen in Marsch setzen; der Aufstand wurde niedergeschlagen und Ahidjo ins Exil geschickt. Er landete ausgerechnet in Frankreich bei seinem Intimfeind Mitterand, und dort beendete er schließlich einige Jahre später seine irdische Laufbahn.

Dadurch ist der Weg frei, einen neuen Versuch in Kamerun zu unternehmen. Offiziell eingeladen werde ich vom Vizechef des Geheimdienstes in der größten Stadt des Landes, der Handelsmetropole Douala. Er steht dort einer von ihm gegründeten Gemeinde vor. Unser Landeskoordinator ist Glied derselben Gemeinde und hat den Besuch organisiert.

Wir (Bruder Promm und ich) werden am Flughafen empfangen wie die Könige. Durch die Stadt fahren wir mit etlichen Motorrädern vor uns und weiteren Autos hinter uns, mit Sirenengeheul und gestopptem Verkehr. Man merkt, dass unser Gastgeber eine wichtige Persönlichkeit ist! Kontrollen gibt es jetzt auch nicht mehr. Es ist ein ganz neues Gefühl für mich: Statt in der ›grünen Minna‹ oder im Gefangenenzug reise ich nun im Dienstwagen neben dem ›Chef‹ in seiner Paradeuniform, dem überall der Weg freigemacht wird und der mich stolz von einer Gemeinde zur anderen durch's Land fährt. Ja, wer hätte das vor dreizehn Jahren gedacht!? – Und in seinem Haus stehen an jeder Ecke Agenten, die für unseren persönlichen Schutz verantwortlich sind und niemanden ohne Erlaubnis zu uns lassen! Das Seminar ist übervoll, allerdings sind die meisten Teilnehmer offensichtlich aus der sogenannten ›besseren Gesellschaft‹.

Der krasse Gegensatz dazu ist der Besuch im Hauptgefängnis. Man macht uns vorher auf die Gefahren aufmerksam, aber dann begegnen wir Menschen, die in unendlicher Dankbarkeit die Botschaft aufnehmen. Ob sie nun zu Recht dort einsitzen, oder ob sie durch falsche Anschuldigungen, Neid, Habgier oder dergleichen hierher gekommen sind, manche auch als politisch Verfolgte – sie alle brauchen Jesus, und viele nehmen Ihn in ihr Leben auf. Nicht nur hier in Douala, sondern in fast allen Ländern, wo wir arbeiten dürfen, öffnen sich uns die Gefängnistore, und eine große Ernte für die Ewigkeit wird eingefahren.

Mancher Brief aus dem Gefängnis erreicht uns im Lauf der Jahre. Manches persönliche Zeugnis treibt einem die Tränen in die Augen. »*Bruder Martin*«, schreibt mir so ein Gefangener eines Tages, »*wenn du diesen Brief in Händen hältst, bin ich bereits bei meinem Herrn in der Herrlichkeit. Ich bin zwar unschuldig verurteilt, und morgen werde ich hingerichtet. Und trotzdem danke ich dem Herrn, dass Er mich auf diese Weise hierhergebracht hat. Denn hier habe ich Ihn gefunden durch die Bibelkurse, die ihr mir geschickt habt.*« Ein General der kongolesischen Armee findet im Gefängnis den Herrn. Nach seiner Entlassung wird er vom Herrn gebraucht, um zu riesigen Menschenmassen zu predigen und ihnen den Weg des Heils zu verkündigen. In manchen Gefängnissen werde ich von dem Gefangenenchor begrüßt, der das Lob Gottes an diesem finsteren Ort verkündigt und deutlich macht, dass wahre Freiheit selbst unter den Gebundenen möglich ist, wenn die Liebe Gottes sie ergreift. Vieles könnte ich an dieser Stelle erzählen von denkwürdigen Begegnungen, und die Ewigkeit wird zeigen, was das gedruckte Wort, unter Gebet hergestellt und weitergegeben, in den Herzen dieser Ärmsten der Armen bewirken konnte.

Bei den ›Leuten von Darby‹ (Besuch in Benin)

War die Resonanz in Kamerun schon recht erfreulich, so ist der Besuch der Seminare in Benin geradezu überwältigend. Die Leute stehen noch in Schlangen vor den Fenstern, um alles mitzubekommen, was drinnen im Saal vor sich geht. Eingeladen wurden wir von Antoine, der in Deutschland eine Schlosserlehre gemacht hatte und nun in Cotonou eine kleine Fabrik betreibt. Hier halten wir uns die meiste Zeit auf.

Am Sonntagvormittag, im Anschluss an den Hauptgottesdienst, hören wir von nebenan Gesang, der mir irgendwie bekannt vorkommt. »*Das sind die Leute von Darby*«[41], klärt uns Antoine auf. Darby ist für ihn ein Amerikaner oder Engländer – so ganz genau weiß er es nicht – der hier in der Stadt und auch im Umfeld einige Gemeinden gegründet hat, die jetzt von seinen Mitarbeitern betreut werden. Anscheinend glaubt er, dass Darby heute noch lebt. »*Wollen wir ihnen nicht einen Besuch abstatten?*« Antoine hat nichts dagegen. So erscheinen wir beide in der kleinen Hausversammlung, die sich gerade zu einer Anbetungsfeier

---

41 Gemeint ist John Nelson Darby, Hauptvertreter der sogenannten ›Brüderbewegung‹, der im 19. Jahrhundert in England lebte, viele Reisen ins europäische Ausland unternahm und maßgeblich zur Ausbreitung dieser Bewegung beigetragen hat. Daher auch der Name ›Darbysten‹, der dem geschlossenen Teil dieser Bewegung von Außenstehenden oft gegeben wird.

trifft. Da der französische Missionar nicht anwesend ist, haben die afrikanischen Geschwister die Freiheit, uns um ein biblisches Wort zu bitten, das wir auch gerne weitergeben. Am Nachmittag werden einige von ihnen auch zu unserem Hauptseminar kommen – um dort zu erleben, wie das Thema des Vormittags *»Ein Brot, ein Leib sind wir, die Vielen«* in der Praxis aussehen kann …

Und dann noch mit vollem Mund!

Wieder einmal bin ich mit der Eisenbahn auf besagter Strecke im Innern des Kongo unterwegs. Mit mir ist dieses Mal ein junger Bruder aus Bad Godesberg, Johannes B., der gerne einige Erfahrungen in Afrika sammeln möchte. Wir sitzen im sogenannten Speisewagen. Da öffnet sich die Tür und mit großem »Hallo!« wird eine Person begrüßt, die sich anschließend als der Stellvertreter des Propheten Kadima zu erkennen gibt. Besagter ›Prophet‹ hatte mir vor einiger Zeit angedroht, dass ich auf den Knien zu ihm nach Kinshasa robben und ihn um Verzeihung bitten würde dafür, dass ich es gewagt hatte, ihn als einen ›falschen Propheten‹ zu bezeichnen. Nun sitze ich mit seinem Stellvertreter im selben Waggon! Zu allem Überfluss wird er auch noch von den Mitreisenden aufgefordert, etwas über seine eigenartige Lehre zu erzählen. Es fällt mir nicht leicht, den abstrusen Ideen zu lauschen, und es dauert auch ziemlich lange, bis er endlich zum Schluss kommt. *»Und nun der Missionar!«* schallt es mir entgegen. Damit habe ich nun garnicht gerechnet, aber welch eine wunderbare Gelegenheit, das Evangelium von der freien Gnade Gottes zu verkündigen und gleichzeitig auch das soeben gehörte falsche Evangelium zu widerlegen! – Aber kaum habe ich begonnen, da spricht mir schon mein Vorredner dazwischen. So geht es mehr als eine Viertelstunde. Kaum kann ich einen Gedanken entwickeln, ertönen auch schon die Zwischenrufe des ›Stellvertreters‹. Schließlich wird es einem der Reisenden zu bunt: *»Was fällt dir eigentlich ein, den Missionar ständig zu unterbrechen. Er hat dir ja schließlich auch zugehört, ohne dich zu stören. Und im übrigen spricht man nicht mit vollem Mund!«* – Alles lacht und der Angesprochene schweigt beleidigt. So habe ich die Möglichkeit, vor einer sehr aufmerksamen Zuhörerschaft ungestört die Frohe Botschaft weiterzusagen.

Auf derselben Reise werden wir beide in der Hauptstadt aus einer großen Gefahr heraus gerettet. Wir stehen gerade an einer Tankstelle. Während der Wagen neuen Kraftstoff erhält, macht mein junger Reisebegleiter ein paar Aufnahmen von vollbeladenen Taxis und auch einem Lkw, der soeben vorüberfährt und nicht wenige Einheimische befördert. Da fängt einer der Herumstehenden laut an zu schimpfen und versucht, meinem Bruder durch das offene Autofenster die Kamera zu entreißen. Im Nu ist eine riesige Menschenmenge um das Auto versammelt. Die Lage droht mit jedem Moment zu eskalieren, und ich befürchte schon das Schlimmste. Da fällt mir die Visitenkarte des Geheimdienstchefs ein, die er mir im letzten Jahr zugesteckt hatte. Ich ziehe sie hervor und halte sie so hoch, dass jeder sie sehen kann. *»Seht her, die ist von meinem Freund, dem Chef der ›Sureté Nationale‹ (Sicherheitspolizei). Der wird sich überhaupt nicht freuen, wenn er von diesem Aufruhr hier erfährt und wer ihn angezettelt hat!«* Mit lauter Stimme fordere ich den Anführer auf, ins Auto zu steigen, um mit uns zusammen zur nächsten Polizeistation zu fahren. Irgendwie ist die Menge es zufrieden. Der Mann steigt ein und ist dann heilfroh, dass wir ihn nach einigen Kilometern Fahrt wieder rauslassen, ohne ihn der Behörde auszuliefern. – Auch wir selber sind dem Herrn dankbar, dass Er wieder einmal über uns gewacht hat, wissen wir doch, wie schnell Afrikaner ›auf die Barrikaden gehen‹ können und zu Dingen fähig sind, die ihnen im Nachhinein oft leid tun, dann aber nicht mehr rückgängig zu machen sind.

Mulongo ... oder: Die Reise ans Ende der Welt

Ich bin wie gerädert. Alle Glieder schmerzen. Eine ungeheure Müdigkeit lässt mich nur langsam in die Senkrechte kommen. Was für Tage liegen hinter uns und wie soll es noch weitergehen?

Mit einem geliehenen Geländewagen sind wir in Lubumbashi losgefahren. Es war kein einfaches Unterfangen, genügend Treibstoff für die über eintausend Kilometer lange Fahrt zusammenzubekommen, ist doch die Mitnahme eines solchen Treibstoffvorrates strengstens untersagt. Aber wie soll man ans Ziel kommen und auch wieder zurück, wenn es auf der gesamten Strecke keine Tankstelle mehr gibt? Tagelang sind wir über kaum erkennbare ›Straßen‹ gehoppelt, über Fels und Gestein, an Schluchten und Abhängen entlang, wo unsere zahlreichen Begleiter den Wagen teils schieben, teils festhalten müssen, damit er nichts ins Bodenlose stürzt …

Unser Ziel ist Mulongo, eine alte Missionsstation in der Provinz Katanga (Kongo). Sie wurde noch in der Zeit der letzten Katanga-Könige von einem englischen Missionar gegründet (dessen Erlebnisse in dem Buch ›Befreit aus dem Reich des Bösen‹ sehr packend geschildert werden). Es muss etwas Besonderes mit dieser Station auf sich haben. Wir (mein ältester Sohn Marco ist dieses Mal dabei) begreifen zwar nicht genau warum, aber unsere Mitarbeiter wollen unbedingt bis dorthin kommen.

Nur ich selber kann eigentlich nicht mehr. Beim Frühstück teile ich ihnen mit, dass ich vorhabe, wieder umzukehren. Die Fahrt wird mir einfach zu viel. Da bricht ein Sturm der Entrüstung los. Wie, jetzt, so kurz vor dem Ziel noch umkehren?! Es sind doch höchstens noch dreißig oder vierzig Kilometer. Und über einfaches Gelände. Ein paar kleine Berge noch, dann nur noch flaches Land.

Als auch Marco in dasselbe Horn stößt, ist es mit meinem Widerstand vorbei. »*Garantiert nur noch 40 km?*« – »*Garantiert!*« – »*Du kannst dich auf uns verlassen!*« So fahren wir los.

Aber die Fahrt durch die Berge will kein Ende nehmen. Es stellt sich heraus, dass unsere Begleiter schon lange nicht mehr in dieser Gegend waren und nun selber überrascht sind, wie lange es dauert, bis die Ebene erreicht ist. Wir sind den ganzen Tag unterwegs und müssen abends (hundemüde) noch einmal eine Übernachtungsmöglichkeit suchen – nach einer Fahrt von einhundert Kilometern auf Straßen, deren Verlauf manchmal nur zu ahnen ist …

Doch die Ankunft am übernächsten Tag auf der Missionsstation entschädigt uns für alle Mühen. Eine uralte Missionarin (mit ihrer wettergegerbten Haut erinnert sie uns an eine indianische Squaw) hält hier seit etlichen Jahrzehnten die ›Festung‹. Selbst in den Kongowirren in den frühen 60er Jahren war sie nicht zu bewegen, einen Heimaturlaub anzutreten … und hat erfahren, wie der Herr sie in allen Gefahren bewahrt und daraus errettet hat! Besonders auf Marco macht sie einen tiefen Eindruck. Und hier – an diesem von der Zivilisation vergessenen Ort – wird ihm klar, dass Gott ihn in die Mission gerufen hat. Wie gut, dass wir doch weitergefahren sind, wenn auch die Auskünfte unserer Mannschaft der Wirklichkeit wenig entsprachen!

Das Haus, in dem die Missionarin wohnt, ähnelt mehr einer Ruine als einem bewohnbaren Haus. Etliche Eulen haben sich im Dachgebälk eingenistet und erfreuen uns besonders nachts mit ihren eigentümlichen Geräuschen. An einigen Stellen besteht akute Einsturzgefahr; doch wer im Glauben steht, wird ja ›nicht ängstlich eilen!‹ Die Dorfbewohner wissen es zu schätzen, dass die alte Schwester wenig in die Baulichkeiten investiert, dafür aber umso mehr übrig hat für die Armen und Notleidenden. (Manch einer scheint besonders dankbar dafür zu sein, dass sie keine ausgedehnte Forschungsarbeit betreibt, um sicher zu gehen, dass der Antragsteller auch tatsächlich zu einer dieser beiden Gruppen gehört … So wird sie in jeder Hinsicht über Gebühr ausgenutzt – was ihr aber wenig auszumachen scheint.)

Am Abend gibt's noch ein zünftiges Fußballspiel mit der Dorfjugend – und den Rest des Abends verbringe ich damit, mir die vielen kleinen Dornen aus den Fußsohlen zu ziehen. In Ermangelung eines entsprechenden Schuhwerks hatte ich auf Socken gespielt …

Auf dem langen Rückweg erfahren wir noch die Hilfe des Herrn bei einer Panne. Auf der Hinfahrt hatten wir den Automechaniker bei unserem zweiten Fahrzeug zurücklassen müssen (wir waren ursprünglich aus Sicherheitsgründen mit zwei Autos gestartet) und fuhren seitdem Hunderte von Kilometern ohne jemand, der etwas von Autos verstand. Es ist schon ein Wunder, dass wir auf dieser langen Fahrt und den halsbrecherischen Straßen noch keine Panne hatten, aber jetzt ist es doch passiert. Genau vor einem großen Lkw kommen wir zu stehen und schaffen es nicht, den Wagen wieder zu starten. Unter dem Lkw liegt der Fahrer desselben, ein Automechaniker. Er bringt unser Fahrzeug innerhalb kurzer Zeit wieder zum Laufen! Und wir haben auch keine weitere Panne mehr, bis wir den Wagen froh und dankbar an seine Besitzerin (eine deutsche Krankenschwester in Lubumbashi) zurückgeben können.

Beim Parlamentspräsidenten:
Eine Warnung und deren Folgen

Im nächsten Jahr (es ist 1989) – ist Eberhard Witt aus Volmarstein mein Begleiter. Der Parlamentspräsident des Kongo hat uns eingeladen, für die Abgeordneten und sonstigen ›Größen‹ der Hauptstadt eine Eheseminar zu halten. An drei Abenden treffen wir uns in einem größeren Hotel und haben Gelegenheit, den rund tausend Teilnehmern die biblischen Grundsätze der Ehe und deren Umsetzung in die Praxis vorzustellen. Sie hören aufmerksam zu. Doch als wir sie auffordern, auch ihrer Verantwortung den eigenen Landsleuten gegenüber nachzukommen und die Versorgung der Armen und Bedürftigen nicht allein den Missionaren zu überlassen, ernten wir nur schallendes Gelächter. Mir scheint, dass sie mich nicht richtig verstanden haben, also wiederhole ich noch einmal meinen Appell an ihr Gewissen. Die Leute biegen sich vor Lachen. ›*Hat man so etwas schon einmal gehört? Wir sollen freiwillig mit den Armen teilen!? Geradezu unerhört!! Was denkt sich dieser weiße Knabe denn eigentlich?*‹ – Nun, die Antwort des Herrn lässt nicht lange auf sich warten. Einige Wochen später findet die erste große Plünderung in Kinshasa statt. Und ein großer Teil unserer Zuhörer findet sich auf der Flucht über den großen Kongofluss wieder. Was wir nicht freiwillig abgeben, kann uns der Herr auch nehmen! »*Irret euch nicht: Gott lässt sich nicht spotten. Was der Mensch sät, das wird er auch ernten.*« (Gal 6,7)

Der Prophet, der nach fünf Tagen wieder auferstehen wollte

Während der oben geschilderten Seminare müssen wir ein Stadtviertel durchqueren, wo an einer gewissen Stelle jeden Abend eine große Menschenmenge unsere Fahrt behindert. »Was ist denn hier eigentlich los?«, frage ich den Bruder, der uns Abend für Abend zum Hotel fährt. – »Ach, der große Prophet ist vor drei Tagen gestorben. Jetzt warten seine Anhänger darauf, dass er wieder aufersteht. Er hat ihnen nämlich versprochen, so wie einst Jesus Christus aus den Toten auferstand, würde auch er wieder auferstehen, aber, da er größer als Christus sei, nicht schon nach drei, sondern erst nach fünf Tagen!!« – Am nächsten Tag (es ist der letzte vor seiner angekündigten Auferstehung) wird im Fernsehen gezeigt, wie sein Sarg zum Flughafen gebracht wird. Er hatte seinen Anhängern nämlich mitgeteilt, dass die Auferstehung in seinem Heimatdorf stattfinden würde; darum müssten sie den Sarg rechtzeitig dorthin bringen. Aber als der Sarg ins Flugzeug gehievt werden soll, schreiten Sicherheitsbeamte ein. Gewaltsam öffnen sie den Sarg. Und wer liegt drin? Nicht der Prophet, sondern eine Puppe!

Es stellt sich heraus, dass der ›Prophet‹ seinem Sarg vorausgeeilt ist und sich schon seit einiger Zeit in seinem Heimatdorf versteckt hält, um alle Welt zu narren, wenn er (obwohl niemals gestorben) zur angegebenen Zeit wieder erscheint und seine Auferstehung zelebriert. – Das ist ihm allerdings nicht besonders gut bekommen! Seine aufgebrachten Anhänger entdecken ihn zu Hause und bringen ihn kurzerhand um; und bis heute ist er noch nicht aus den Toten wiedergekommen.

Der Präsident, der sich selber im Wege stand

In dieser Zeit rüsten Bruder Eberhard und ich uns zum Weiterflug nach Mbuji-Mayi. Die Erinnerung an das erste Mal lässt mich etwas vorsichtiger an die Sache heran gehen. Deshalb habe ich die entsprechenden Papiere schon von Deutschland aus geordert – um dann festzustellen, dass nichts gemacht wurde und unsere Freunde in der Diamantenstadt das Seminar wohl umsonst für uns vorbereitet haben.

Da fällt mir ein, dass der Präsident des protestantischen Kirchenbundes (ECZ), Papa Bokoleale, vor einiger Zeit unsere Missionszentrale in Morsbach besucht hat. Es war leider in meiner Abwesenheit, aber ich weiß, dass er unserem Dienst sehr wohlwollend gegenübersteht. So erkundigen wir uns nach seinem Büro und besuchen ihn kurzerhand des Samstagabends. Er ist tatsächlich noch an der Arbeit und freut sich, uns einen kleinen Dienst erweisen zu können. »*Jawohl, das ist doch selbstverständlich, ich erstelle Ihnen eine ›Ordre de Mission‹, und damit können Sie ohne Schwierigkeiten nach Mbuji-Mayi reisen. Auch am Flugplatz wird man Sie ohne weiteres durchlassen. Außerdem komme ich Montagfrüh selber zum Flughafen und werde Sie persönlich zum Flugzeug geleiten.*« – Tatsächlich ist er schon da, als wir in der Früh am Flughafen eintreffen, und wir nehmen zusammen im Empfangssaal für Staatsgäste Platz. Mobutu, der Staatspräsident, will ebenfalls heute verreisen; und wir müssen warten, bis er mit seiner Delegation abgeflogen ist. Dadurch haben Papa Bokoleale und ich viel Zeit, einander kennenzulernen und uns auszutauschen. Bis ich schließlich im richtigen Flugzeug sitze (zwischendurch war ich noch in der falschen Maschine gelandet) dauert es vier Stunden. Das sind Lehrstunden für mich im Hinblick auf die Sorgen und Nöte eines Mannes, der sich einerseits von Gott an diesen Platz gestellt sieht, andererseits aber oft auch zu menschlichen Tricks seine Zuflucht nimmt, die auf die Dauer doch zu keinem guten Ende führen. Ich bin erstaunt über seine Ehrlichkeit und Offenheit und empfinde großes Mitleid mit diesem Menschen, der sich oft alleingelassen fühlt.

Und da kommt mir plötzlich etwas in den Sinn, um das ich den Herrn jahrelang gebeten habe: eine Gelegenheit, denjenigen, die meinten, uns aus Liebe zum Herrn aus ihrer Gemeinschaft entfernen zu müssen, einen Liebesdienst erweisen zu können. Hatte ich nicht kurz vor meiner Reise in ihren ›Mitteilungen aus dem Werk des Herrn in der Ferne‹ gelesen, dass sie große Schwierigkeiten im Zaire hätten und die dortigen Missionare kurz vor der Abschiebung stünden? Und hier sitze ich mit dem

Mann zusammen, der letztendlich darüber zu entscheiden hat! Welch eine wunderbare Möglichkeit! Ich wende mich an meinen Gastgeber: »*Papa Bokoleale, ist Ihnen auch die Mission bekannt, in der einige deutsche Missionare Dienst tun?*« Sein Blick verfinstert sich. »*Allerdings*«, ist die Antwort, »*aber da muss ich in nächster Zeit eine unangenehme Entscheidung treffen*«. Und er schildert mir kurz, wie sich die Situation aus seiner Sicht darstellt. »*Lieber Bruder, ich kenne einen Teil dieser Missionare. Und ich verbürge mich für sie. Das, was man ihnen zur Last legt, kann so nicht geschehen sein. Und wenn Ihnen etwas an unserer Zusammenarbeit liegt*« – wir waren zu dem Zeitpunkt wohl der größte Lieferant seines Kirchenbundes an Gratisliteratur – »*dann lassen Sie bitte diese Missionare weiterarbeiten und verzichten Sie auf alle wie auch geartete Maßnahmen!*« – Er hört sehr aufmerksam zu, gibt aber keinen Kommentar dazu ab. (Nach meiner glücklichen Rückkehr nach Deutschland finde ich in der nächsten Ausgabe der erwähnten Zeitschrift einen Hinweis, dass die drohende Abschiebung nicht erfolgte, man sich die Umstände aber nicht erklären kann, da keinerlei Gründe für die neue Freiheit genannt wurden![42])

Wir wenden uns anderen Themen zu. Ab und zu wird unser Gespräch unterbrochen von dem einen oder anderen Minister, der den Kirchenpräsidenten begrüßt. Schließlich ist der Moment des Abschiednehmens gekommen. »*Können wir nicht zum Abschied noch miteinander beten?*«, frage ich ihn. Er scheint etwas überrascht zu sein, stimmt aber zu. So stehen wir beide allein in dem prächtigen Saal, senken die Köpfe und empfehlen uns unserem großen Gott, der auch in diesem großen Land das letzte Wort behalten wird, auch wenn es manchmal so aussieht, als ob dem Bösen keinerlei Schranken mehr gesetzt wären.

---

42 Zu diesem Zeitpunkt weiß ich noch nicht, dass genau diese beiden Missionare, um die es bei dieser ›unangenehmen Entscheidung‹ geht, sich einige Jahre später unserer Mission anschließen werden und mit ihren fundierten Kongokenntnissen eine große Hilfe sein würden!

Verloren und wiedergefunden
(Ein Container geht auf Reisen)

Das große eiserne Tor der Missionsstation in Lubumbashi öffnet sich langsam. Und herein rollt ... der Container. Seit sieben Monaten haben wir ihn gesucht, oftmals die Spur verloren – und nun rollt er so einfach da herein, als ob nichts geschehen sei!

Meine Begleiter (das Ehepaar Schulte und Martin Heide aus Marburg auf ihrem ersten Afrikatrip, dazu Eberhard Witt) und ich sind sprachlos. Gerade wollten wir die Station verlassen, um wieder einmal bei der Spedition nach dem Verbleib des Containers zu forschen, der zu Beginn des 1. Golfkriegs auf die Reise ging. Lange hatten wir nichts mehr von ihm gehört. Wir wussten, dass er heil durch den Suezkanal gekommen war, aber dann verlor sich seine Spur. Nach einiger Zeit teilte uns die Reederei mit, dass ihr Schiff Probleme auf See hatte und in einen Hafen abgeschleppt werden musste. Dann monatelang keine Nachricht. Die nächste Meldung war, er läge jetzt im Depot in Harare, der Hauptstadt von Zimbabwe, und wie es weitergehen sollte, schien nicht ganz klar zu sein. Weitere Monate vergingen. Dann kam die Mitteilung, dass der Lkw, der ihn befördern sollte, unterwegs zusammengebrochen war. Der Container lag irgendwo in Zambia auf der Landstraße. Fünfzehn Tonnen Literatur waren darin! Menschlich gesprochen verloren. Es würde wohl nicht lange dauern, bis er geöffnet und sein Inhalt geraubt würde. Denn auch Literatur ist in Afrika begehrte Ware. Ich dachte an die Zeit, in der unsere Bibelkurse noch mit der Post befördert wurden. Wie oft hatten sich dabei die Beamten ›bedient‹ und die Kurse wurden dann hin und her auf den Märkten im ganzen Land zum Verkauf angeboten! Würde das auch dieses Mal geschehen? Und zwar im ganz großen Stil: einhunderttausend Bibelkurse auf einmal!

Das sind die Gedanken, die mich bewegten, als wir im Juli 1990 eine weitere Reise in den Kongo antraten. Seitdem uns die Nachricht vom Ende seiner Fahrt erreichte, war schon wieder geraume Zeit verstrichen, und bis zum Antritt unserer Reise hatten wir auch nichts mehr von ihm gehört. Gestern sind wir hier in Lubumbashi angekommen, wo der Container seit Monaten erwartet wird. Heute wollten wir erfahren, ob es Neuigkeiten über seinen Verbleib und noch Hoffnung gibt, ihn jemals unversehrt mit Inhalt wiederzusehen.

Und da öffnet sich das Tor, und er rollt herein …

Kleine Mücke, große Folgen

Vom Hof draußen klingt eintöniges Gemurmel an mein Ohr. Ich liege schweißgebadet auf der Matte in einem finstern Loch eines Hauses, an das ich mich kaum noch erinnern kann. Das Atmen fällt mir schwer. Die Hitze im Innern des Körpers will mich fast umbringen. Es scheint nur noch eine Frage von Minuten zu sein, bis ich das Bewusstsein verliere …

Wie bin ich hierher gekommen? – Vor drei Wochen machten wir uns auf's Neue auf den Weg nach Afrika. Wir – das sind meine Tochter Elisabeth, genannt Lisa, Eberhard Witt, unser oftmaliger Begleiter und ich selber. Kamerun ist das erste Ziel und Lisa freut sich, unsere ehemalige Wirkungsstätte, die Missionsstation in Nko'emvon, kennenzulernen und auch das Krankenhaus, in dem ihre ältere Schwester das Licht der Welt erblickt hat. Danach soll es in die Zentralafrikanische Republik gehen, wo Lisa einem Missionarsehepaar in der Hauptstadt Bangui für einige Monate helfen möchte. Und für Ebi und mich heißt es, von dort aus weiterzureisen nach Togo und Benin und abschließend in die Elfenbeinküste, wo wir einen Neuanfang der Arbeit planen.

Und in Kamerun muss es wohl passiert sein, beim Besuch des Unterpräfekten der Ntem-Provinz, dass mich die kleine Mücke erwischte: *Anopheles*, die Malariamücke, die für die Übertragung dieser gefährlichen Tropenkrankheit verantwortlich zeichnet. Wir kommen erst nach einer mehr als strapaziösen Reise gegen Abend bei unserem Gastgeber an, weit draußen im Busch. Am Abendhimmel ziehen bereits Wolken auf, die nichts Gutes verheißen! Wie sollen wir von hier oben nur wieder in die Ebene gelangen, wenn es in der Nacht zu regnen beginnt? Und um Ebi von dem verlassenen Ort abzuholen, an dem wir ihn abgesetzt haben, werden wir noch einmal ins Gebirge hoch müssen! – Nun, wir setzen uns zusammen und sagen es dem, der Sturm und Regen lenkt und weiß, dass wir nicht mehr viel Zeit haben, um das Flugzeug zur Weiterreise zu erreichen! – Aber welche Enttäuschung! Gegen drei Uhr morgens hören wir es schon kommen, das afrikanische Unwetter. Die Regenmassen trommeln auf das Blechdach, dass einem Hören und Sehen vergeht. Und wir fragen uns, was es wohl zu bedeuten hat, dass Gott unser Gebet offensichtlich nicht erhört?!

Hat es überhaupt Zweck, loszufahren? Wird unser baufälliges Fahrzeug, das noch nicht einmal einen Vierradantrieb besitzt, nicht bei der ersten Gelegenheit in den Abgrund stürzen? Aber es bleibt uns keine andere Wahl. Wir müssen los! Noch einmal befehlen wir uns unserem Herrn an, und dann bitte ich meine Reisebegleiter, den Wagen von beiden Seiten zu halten, während ich versuche, ihn so langsam wie möglich, Meter für Meter, den abschüssigen Weg nach unten zu manövrieren. Tatsächlich, es gelingt. Noch mehrmals müssen meine Weggefährten aussteigen und dasselbe ›Spiel‹ wiederholen. Schließlich gelangen wir – gegen sechs Uhr morgens – an der Missionsstation an, die wir am Abend zuvor passiert hatten. Die Missionarin ist so freundlich, uns ihren Landrover zu leihen, damit wir Freund Eberhard aus seinem Quartier holen können. Mit unserer alten ›Mähre‹ hätten wir es niemals erreicht! Meine Tochter Lisa freut sich, bei dieser Gelegenheit unser ehemaliges Missionshaus, das jetzt als Buchladen dient, besichtigen zu können. Ich selber treffe in einem der Häuser einen jungen Afrikaner an, der sich noch daran erinnern kann, wie ich in seinem Dorf, nahe der Grenze zu Gabun, das Evangelium einer Gruppe von Zeugen Jehovas verkündigte, die bereit waren, ihre Sekte zu verlassen. Und auch Salomon, der Pygmäenlehrer, taucht plötzlich auf, und wir erinnern uns an die urkomische Situation, wie er nach mehrmonatigem Dienst unter den Zwergmenschen im Urwald plötzlich bei uns in Nko'emvon erschien und mir erklärte: »*Bruder Martin, mich bringen keine zehn Pferde mehr zurück zu diesen Leuten. Ständig muss ich hinter ihnen herrennen, wenn sie mal wieder einen Elefanten erblickt haben und versuchen, ihn zu erlegen. Und dieses elende Fleisch – das kann ja kein Mensch kauen!!*« Es bedurfte damals schon einiger Überredungskünste, um ihn zur Fortsetzung seiner Lehrtätigkeit zu bewegen.[43]

Nun, wir erreichen noch unser Flugzeug und der Besuch in Bangui, der Hauptstadt der Zentralafrikanischen Republik, verläuft ohne besondere Zwischenfälle. Lisa bleibt bei dem Missionarsehepaar Neuhaus zurück, während Ebi und ich weiterreisen. Die Nacht vor dem Flug fühle ich mich jedoch bereits recht elend. Und während des Fluges merke ich, dass mich die Malaria tatsächlich erwischt hat. Warum ich zu diesem Zeitpunkt kein Mittel dagegen einnehme – ich weiß es nicht. Vielleicht bin ich mir in der Diagnose auch noch nicht recht sicher? – Der eine Tag Aufenthalt in Lome, der Hauptstadt Togos, bereitet mir keine allzu großen Probleme. Die Weiterfahrt im engen Taxi zur Grenze und das lange Warten dort, bis wir weiterkönnen, sind jedoch ziemlich mühsam! Die zwei Tage in Benin verbringe ich dann im Bett, aber auch hier nehme ich noch kein Malariamittel, denn der Tropenarzt, der mich untersucht, ist sich ganz sicher: Keine Malaria, lediglich eine Grippe. Und der muss es ja wissen!

Eine gewisse Ablenkung bekomme ich in dieser Zeit, als Ebi am hellichten Tag in mein verdunkeltes Zimmer hereinplatzt und aufgeregt in seinen Taschen herumkramt. Wo ist das Geld geblieben, das er bis jetzt noch bei sich hatte? »*Nanu, warum diese Hektik?*« Ebi war, wie so oft, zum Strand unterwegs gewesen, um dort ein kühles Bad zu nehmen. Hinter einer Ecke hatte ihm jemand aufgelauert, und es kam zum Kampf. Ebi wehrte sich nach Kräften und schlug den Angreifer zu Boden. Dann ließ er ihn laufen. Was er nicht bemerkte: Während des Gerangels war es dem Angreifer gelungen, in Ebis Hosentasche zu greifen und das dort befindliche Geld zu entwenden. Das fiel ihm aber erst auf, als der Mann bereits außer Sichtweite war ... »*Ach, Ebi, ›lass fahren dahin, sie haben's kein Gewinn‹! Sei froh, dass der Mann nicht bewaffnet war!*«

---

43 Diese und ähnliche Erlebnisse führten übrigens dazu, die Pygmäenschulen aus dem Urwald an die Hauptstraße zu verlegen und zu versuchen, auch die Eltern mit der Zeit sesshaft zu machen.

Und weiter geht die Reise nach Abidjan, wo ich jetzt in diesem finsteren Loch liege und den dritten Malariaanfall bekomme. Ich versuche, mich abzulenken, aber es gelingt mir nicht. Das Schlucken fällt mir schwer. Die Malariapillen bekomme ich auch nicht mehr runter. Es gibt keinen Zweifel mehr: Nicht die Grippe, sondern die tropische Malaria hat mich niedergeworfen, und ohne Behandlung ist sie nicht selten tödlich.[44]

Das Gemurmel draußen wird lauter. Es hört sich an wie Geisterbeschwörung. Wo bin ich hier nur gelandet? – Dieses Haus gehört einem Mann, der unbedingt ein Bibelcenter haben wollte. Ich habe Gelegenheit, ihn zu beobachten, bevor mich die Malaria erneut außer Gefecht setzt. Die Besucher, die ein- und ausgehen, wirken wenig vertrauenerweckend. Er scheint auch großen Wert auf diverse Titel zu legen, die er sich vermutlich selber zugelegt hat. Mir wird klar, dass seine Kontaktaufnahme mit uns lediglich dazu dient, sein Renommée zu erhöhen. Mit einem anderen Deutschen ist er schon eng liiert. Sein Name: Reinhard Bonnke. Als ich versuche, ihm einige Informationen zu dieser schillernden Persönlichkeit zu geben, ändert sich seine bisher zur Schau getragene Freundlichkeit schlagartig. Und von da an werde ich ihn bis zu meiner Abreise am nächsten Tag nicht mehr sehen …

In Deutschland angekommen, erleide ich den vierten Anfall. Glücklicherweise ist mein Hausarzt zur Stelle und weist mich direkt ins Krankenhaus ein. Etliche Tage steht es kritisch um mich, dann werde ich nach 10 Tagen als geheilt entlassen. Aber noch drei Jahre lang werde ich an den Folgen zu leiden haben.

Ein Missionsvortrag und seine Folgen

In dieser Zeit wird mir deutlich: So wie bisher kann es nicht weitergehen. Wir brauchen unbedingt einen fähigen Mitarbeiter, der mich sowohl im sprachlichen als auch im ›geistlichen‹ Bereich ergänzen – und wenn nötig – ersetzen kann. Da kommt

---

44 Malaria (Paludismus) gilt auch heute noch als häufigste Todesursache in Afrika.

uns wieder unser treuer Herr zu Hilfe. Und zwar ergibt es sich, dass ich zu Wolfgang Bühne nach Schoppen eingeladen werde, um hier vor den Geschwistern der Versammlung über unsere Arbeit zu berichten. Es ist das einzige Mal, dass ich an dieser Stelle unsere Arbeit vorstelle und auch von dem gerade begonnenen Dienst unter französischsprachigen Asylbewerbern aus Afrika erzähle. Dieser Vortrag wird auf Kassette aufgenommen und gelangt einige Zeit später in die Hand eines deutschen Bruders, der mit einem jungen Schweizer befreundet ist, der im Wallis versucht, Gemeinde zu gründen und sich u.a. auch um einen afrikanischen Asylanten bemüht – mit nicht besonders großem Erfolg. Und darum betet, dass er irgendwie Anleitung für diesen Dienst bekommen kann. Und dieser junge Bruder mit Namen Mark Schibli bekommt von seinem deutschen Freund die Kassette zugeschickt, auf der ich von unserer Arbeit unter Asylanten berichte.

Flugs hängt er sich ans Telefon und fragt an, ob wir ihm in diesem Dienst irgendwie behilflich sein können. Nun, wir geben ihm einige Ratschläge. Dabei kommt mir in den Sinn, dass wir ja dringendst nach einer Person Ausschau halten, die uns in unserem Missionsbüro helfen und mich auch eines Tages ablösen könnte. Und ich werde beim Telefonieren das Gefühl nicht los, dass dieser junge Schweizer die Antwort Gottes auf unsere Bitte sein könnte.

Um seine geistliche Ausrichtung etwas besser kennenzulernen, frage ich ihn, ob er bereit wäre, mal einige Briefe unserer Seelsorgepost zu beantworten. Das erlaubt mir, seine sprachlichen Fähigkeiten und auch seine Bibelfestigkeit zu testen. Das Ergebnis überzeugt mich so sehr, dass ich ein persönliches Treffen in nächster Zeit vorschlage. Umgehend kommt er mit seiner Frau Véronique zu uns, und wir verstehen uns auf Anhieb. Ich habe nicht nur einen Mitarbeiter gefunden, sondern auch einen Freund und Bruder, der mir in der Folgezeit manch wertvollen Rat bei der Entscheidung schwieriger Fragen geben wird. Eine solch wundervolle Zusammenarbeit hatte ich bis dahin nicht für möglich gehalten! Als auch die kleine Gemeinde in Ernen ihr ›Ja‹ dazu gefunden hat, wechselt Familie Schibli im darauffolgenden

Jahr 1993 aus der schönen Schweiz ins regennasse Oberbergische – ein Wechsel, der weder von ihnen noch von uns je bedauert wurde!

Auf nach Russland

Bisher haben wir unseren Auftrag in Afrika gesehen, doch nun öffnet sich ein ganz neues Arbeitsfeld: die GUS mit Russland, der Ukraine und weiteren Anrainerstaaten. Dort wird zwar seit der Öffnung des ›eisernen Vorhangs‹ tüchtig evangelisiert, aber die Weiterführung der Gläubigen lässt doch sehr zu wünschen übrig.

Charles Fizer, der Internationale Koordinator von ›Emmaus‹ besucht mich 1992 (einige Monate nach meiner schweren Malariaerkrankung) und bittet mich, die Emmausarbeit in der GUS in der Art aufzubauen, wie wir es in Schwarzafrika getan haben. Zu diesem Zeitpunkt kann ich jedoch noch keinen klaren Auftrag vom Herrn darin erkennen. Dafür biete ich an, ihn mit Wolfgang Bühne in Verbindung zu bringen, der bereits seit vielen Jahren russische Literatur herausbringt. Wolfgang ist auch bereit, die sechs vorliegenden Manuskripte zu drucken und im Lande zu verteilen. Da die Aufgabenhefte nicht gedruckt werden, kommt es jedoch zu keiner Korrespondenz.

Aber ein Anfang ist gemacht. Als wir uns im darauffolgenden Jahr bei ihm in Schoppen zur ersten Emmaus-Europa-Konferenz treffen, ist die einhellige Meinung der Teilnehmer, dass nun die Zeit gekommen sei, ›unsere Methode‹ in den russisch-sprachigen Ländern einzuführen.

Doch ich zögere immer noch. Zum einen geht es mir gesundheitlich nach wie vor nicht besonders gut, und die Arbeit in Afrika erfordert meinen ganzen Einsatz. Zum anderen heißt unsere Mission ja nicht umsonst ›Zentralafrika-Mission‹ und nicht ›Zentralasien-Mission'! Darüber hinaus fehlt mir ein Mitarbeiter, der die in den Kursen übermittelte Lehre voll und ganz vertritt und gleichzeitig der russischen Sprache mächtig ist.

Ich teile den Konferenzteilnehmern meine Bedenken mit

und bitte sie dafür zu beten, dass sowohl meine Gesundheit dieser neuen Belastung standhält als auch ein Bruder der oben beschriebenen Art gefunden wird, der die Hauptlast der Arbeit zu übernehmen bereit ist. Außerdem gilt es noch das Einverständnis der ZAM-Mitglieder für diese neue Stoßrichtung zu bekommen. Wenn sich das alles so ergeben sollte, dann wollte ich es gerne für zunächst zwölf Monate versuchen. Danach würde sicher erkennbar sein, ob dieser Ruf vom Herrn sei oder nicht!

So kommt es, dass sich Andreas Reh, der bereits seit einem Jahr für den CLV-Verlag in der Ukraine tätig ist, zu uns gesellt und die erste Mitarbeiterkonferenz in der Hauptstadt Kiew vorbereitet. Sie findet Ende '93 unter großer Beteiligung statt und ermutigt uns in jeder Hinsicht: Nicht nur werden auf einen Schlag über einhundert einheimische Mitarbeiter für diesen Dienst zugerüstet, sondern es finden auch Geschwister aus den unterschiedlichsten Kreisen zueinander und feiern am Sonntagmorgen gemeinsam mit uns das Mahl des Herrn. Das ist ein Erlebnis, das ich um keinen Preis der Welt missen möchte!

Am Ende der zwölf Monate stelle ich fest, dass sich meine Gesundheit trotz der Mehrbelastung gefestigt hat. Auch der Mitarbeiter ist gefunden, denn Bruder Reh gibt seinen ursprünglichen Plan, als Wycliff-Bibelübersetzer an der mongolischen Grenze tätig zu werden, zugunsten der Emmausarbeit auf. Die Resonanz auf unser Kursangebot ist überwältigend – vor allem in der Ukraine. Und weitere Türen öffnen sich: Moldawien, Weißrussland, das große Sibirien, Tadschikistan, Usbekistan, Armenien, die Mongolei …

Ja, es stimmt: Wo Er öffnet, wird niemand schließen! Wer kann Ihm widerstehen? (Offb 3,8)

Mitten im Krieg

In den Folgejahren vergrößert sich unser Mitarbeiterstab in dem Maße, wie auch die Arbeit zunimmt. So stößt ein Bruder zu uns, der den Kongo (so heißt das ehemalige Zaire seit kurzem wieder) schon aus eigener Missionserfahrung kennt, nun aber den

Dienst in der Zurüstung afrikanischer Geschwister mit uns zusammen tun möchte: Herbert Martin aus Hattingen. Mit ihm fliege ich Anfang August 1998 geradewegs in den ersten panafrikanischen Krieg hinein. Und das kam so:

In den Jahren 1997/98 zeigte sich immer deutlicher, dass in der Führung der Koordination in Kinshasa irgendetwas nicht stimmte. Wir sollten unbedingt einmal vor Ort nach dem Rechten schauen, und Herbert möchte gerne einmal erleben, wie unser Konzept am Einsatzort funktioniert.

Unser Flug geht von Düsseldorf nach Brüssel und von dort mit der Sabena nach Kinshasa – so ist es zumindest geplant! Als wir in Brüssel einschecken wollen, stellen wir fest, dass der Flug um 12 Stunden verschoben ist. Was mag der Grund sein? *»In Kinshasa wird am Flughafen geschossen!«*, teilt man uns mit. *»Wir warten ab, wie sich die Dinge entwickeln. In einigen Stunden wissen wir sicherlich mehr!«*

Was sollen wir tun? Wenn tatsächlich Unruhen ausgebrochen sind, nützt es wenig, dorthin zu fliegen. Denn selbst wenn wir gesund ankommen, müssen wir mit ständigen Ausgangssperren rechnen. Wie sollen wir dann unsere Leute erreichen oder sogar die geplanten Seminare abhalten? Während wir uns beraten, wird uns klar: Nur der Herr kann uns den Weg weisen und Sicherheit über das geben, was dran ist.

Schließlich bitten wir Ihn um folgendes Zeichen: Wenn es Sein Wille ist, dass wir nicht fliegen, dann möge Er es führen, dass uns das Geld für die Flugtickets zurückgegeben wird. Wenn man sich aber weigert, uns die Ausgaben zu erstatten, wollen wir darin Seine Hand erkennen, den Flug zu wagen und alles weitere Ihm zu überlassen.

Wir gehen zur Auskunft. Als wir unser Anliegen vortragen, lacht der Beamte. Wie wir nur erwarten könnten, das Geld zurück zu bekommen!!! Ein Krieg – das nennt man ›höhere Gewalt!‹ (Womit der Mann ja auch nicht ganz Unrecht hat …) Nun, uns soll es Recht sein. Die Antwort ist klar: Auf nach Kinshasa!

Nun heißt es zunächst warten. Unsere Mitreisenden scheinen zum Teil von der kongolesischen Regierung zu sein. Schon kommt die Presse. Und das Fernsehteam. Ein solches Ereignis kommt gerade recht, um das ›Sommerloch‹ zu füllen! – Doch sie haben nicht mit den afrikanischen Frauen gerechnet. Wutentbrannt stürzt sich die kongolesische Damenriege auf die Reporter, die nur noch die Flucht ergreifen können. Mehrmals versuchen sie noch, die anwesenden Herren vor die Kamera zu bekommen, doch jedesmal ziehen ihnen die Damen einen Strich durch die Rechnung. Endlich geben sie es auf. Und dann erhebt sich die Maschine tatsächlich pünktlich (die angegebene Verspätung mit einbezogen) vom belgischen Boden und strebt der Hauptstadt des Kongo, der Zehnmillionen-Megastadt Kinshasa zu.

Unterwegs klärt uns die Besatzung auf, dass es keineswegs sicher ist, dass wir dort auch landen werden, denn noch immer wird geschossen. Nun, was soll's? Wir wissen uns geborgen in unserem Herrn und sind unterwegs in Seinem Auftrag. Wir sind gespannt, was uns dort in den nächsten Tagen und Wochen erwartet – und wir werden nicht enttäuscht!

Als wir am Flughafen ankommen, sind unsere Freunde nicht zu sehen. Das Schießen hat mittlerweile aufgehört; die Regierungstruppen scheinen Herr der Lage zu sein. Aber wir sind nicht mehr Herr über unser Gepäck! Das haben sich zwei Kerle unter die Arme gepackt und streben damit zielsicher dem Ausgang zu. Kaum gelingt es uns, ihnen zu folgen. Schon sind sie bei ihrem Taxi angelangt und verstauen es darin. Da kommen unsere Freunde gerade noch rechtzeitig um die Ecke! Damit haben unsere ›Gepäckträger‹ wohl nicht gerechnet. In der allgemeinen Verblüffung gelingt es unseren Brüdern, unsere Koffer an sich und zu ihrem eigenen Fahrzeug zu bringen. Uff, das ist noch einmal gutgegangen!

Ohne besondere Zwischenfälle gelangen wir zu unserem Quartier. Dort wird am selben Abend noch der Koordinator des östlichen Teils des Kongo, Bruder Ngoy Kakudji, erwartet. Mit ihm gibt es sehr, sehr viel zu besprechen, was für andere Ohren nicht gedacht ist, darum würden wir gerne zwei oder drei Tage ganz allein mit ihm verbringen. Doch wie können wir die anderen fernhalten, ohne sie zu verletzen?

Zunächst einmal sind alle gekommen, die irgendeine Verantwortung in und um Kinshasa herum tragen, und wir verbringen einen schönen Abend zusammen. Auch Bruder Kakudji, der langerwartete Gast aus dem Osten, gesellt sich noch dazu. Er bleibt als einziger über Nacht bei uns, während alle anderen sich zu ihren Wohnstätten begeben oder bei Freunden unterkommen. Am nächsten Morgen erfahren wir, dass für die nächsten Tage und Nächte eine Ausgangssperre angeordnet ist! Dadurch sind wir für zwei Tage und drei Nächte ganz allein mit unserem Gast, dem Koordinator des Ostens. Niemand stört uns. Wir können alles besprechen, was uns auf dem Herzen liegt. Und erst als wir zu Ende sind, wird die Ausgangssperre wieder aufgehoben. *Welch einen großartigen Gott haben wir doch!*

In den folgenden Tagen erleben wir viel Hektik in der Stadt. Die Rebellen kommen schnell näher. Sie erobern das große Kraftwerk im Osten und stellen den Strom ab. Niemand scheint sie aufhalten zu können. In aller Schnelle werden in Kinshasa junge Rekruten ausgehoben, aber sie werden den Feind wohl kaum aufhalten können! Die Amerikaner evakuieren eilends ihre Leute, die Schweizer sind auch nicht säumig, und selbst die deutsche Botschaft fragt an, ob wir bereit sind, uns ausfliegen zu lassen. Doch wir zögern. Zu viele Aufgaben sind noch nicht erledigt. Und haben wir unseren Herrn nicht gebeten, uns nur dann die Reise hierhin freizugeben, wenn auch die anstehenden Aufgaben erledigt werden können?

So lehnen wir ab und nutzen die Zeit zu Gesprächen, zu Besuchen hin und her und zur Wahl eines neuen Koordinators. Wir treffen uns mit den Bibelcenterleitern der Hauptstadt und der Provinz des Unteren Kongo. Selbst von Bandundu, der Provinzstadt der Äquatorgegend, ist der zuständige Verantwortliche angereist. Auch einige Mitarbeiter aus dem französischen Kongo und dessen Hauptstadt Brazzaville vom gegenüberliegenden Ufer des Kongoflusses lassen sich während unseres verlängerten Aufenthalts sehen.

Derweil rücken die Rebellen immer näher. Jetzt wird bereits in unserer Straße geschossen! Wir ziehen uns ins Innere des Hauses zurück und löschen das Licht. Wie wird es weitergehen? Angespannt lauschen wir nach draußen. Außer vereinzelten Schüssen ist nichts zu hören, kein Hämmern an den Türen, kein Fluchen oder Schimpfen, keine Kampfparolen. Nichts! Lähmende Stille. Selbst das Schießen hört auf. Was ist hier los?

Am nächsten Tag erfahren wir, dass die Rebellen tatsächlich bis in die Vorstädte kamen und vereinzelt auch in der Stadt anzutreffen waren. Von daher auch die Schüsse in unserer Straße. Aber plötzlich verschwanden sie alle. Kein Mensch weiß warum? Alle haben Angst, dass sie unerwartet wieder auftauchen und ihr tödliches Handwerk vollenden.

Die Evakuierung der Weißen geht weiter, und diesmal sind wir dabei. Noch eine letzte Fahrt durch die gespenstig daliegende Stadt; nur wenige Schwarze und keine Weißen sind auf den Straßen zu sehen. Durch einige Kontrollen müssen wir hindurch, die aber glimpflich ablaufen. Und dann geht's auch schon zum Flughafen zur vorläufig letzten Maschine, die die übriggebliebenen Weißen aus der Gefahrenzone fliegen soll.

Vor dem Flughafen winken uns einige abenteuerlich gekleidete Gestalten an den Straßenrand. Ich bedeute unserem Fahrer (dem noch amtierenden Koordinator Bruder Kalombo) weiterzufahren, da ich vermute, dass es sich hier um Banditen handelt. Da springen Soldaten aus dem Gebüsch und halten uns ihre Kalaschnikow unter die Nase. Bruder Kalombo wird abgeführt. Ich fürchte schon, dass es ihm ähnlich ergehen wird wie anderen, die, weil sie nicht sofort auf irgendwelche unsinnigen Befehle reagierten, über den Haufen geschossen wurden. Schnell eile ich ihm nach und herrsche den Soldaten an: Was ihm eigentlich einfalle, meinen Mitarbeiter zu belästigen! Der Soldat ist so verblüfft, dass er den Bruder tatsächlich freigibt. Zurück am Auto zwingt uns ein anderer ›Kindersoldat‹, die Heckklappe zu öffnen und den Inhalt der Koffer zu zeigen. Da fällt mir ein, wie ehrfürchtig Afrikaner in der Vergangenheit reagierten, wenn sie ein Dokument mit einem Stempel bzw. Siegel entdeckten. Darum ziehe ich meine Visitenkarte aus dem Portemonnaie und halte sie dem Soldatenräuber unter die Nase. In der Mitte prangt ein großes Siegel, das zwar nicht von einem Ministerium stammt, aber als Emmaus-Emblem offensichtlich einen großen Eindruck bei meinem Gegenüber macht. Er senkt die Waffe und scheint etwas unschlüssig, was jetzt zu tun sei.

In diesem Augenblick entsteht eine große Unruhe in der Gruppe, die uns umringt. Ein vollbeladenes Taxi nähert sich mit enormer Geschwindigkeit und fährt ohne Anhalten mitten durch die Gruppe hindurch. Die Leute springen zur Seite, und während die Soldaten versuchen, sich des Taxis zu bemächtigen, ergreifen wir unsere Koffer und beeilen uns, die zweihundert Meter bis zur Eingangshalle des Flughafens zurückzulegen, bevor sie sich wieder um uns ›kümmern‹ können …

Und so endet unsere Kongoreise im vollbesetzten Flieger: Schweißgebadet, aber dankbar für die gute Hand unseres Gottes, die sichtbar in diesen Tagen über uns war!

Göttliches Timing auch in der Heimat

Ich befinde mich auf einer Freizeit im Süden Deutschlands. Eine Münchener Gemeinde hat mich eingeladen, und wir erleben gesegnete Tage unter dem Wort Gottes. Mein Frau war einige Wochen bei unseren Kindern in Sambia gewesen und soll heute wieder zurückkommen. Leider ist unser Freizeitort so weit von Frankfurt entfernt, dass ich sie nicht am Flughafen abholen kann, aber unsere Tochter Lisa hat sich bereit erklärt, die Mutter dort abzuholen. Das Problem ist nur, dass meine Frau nichts davon weiß, und wir auch nicht wissen, welchen Ausgang sie am Flughafen nehmen wird.

Darum informiere ich die Freizeitgruppe: »*Heute kommt meine Frau aus Sambia zurück. Sie müsste jetzt bereits auf dem Frankfurter Flughafen gelandet sein. Aber sie weiß nicht, dass jemand auf sie wartet. Und mit all dem Gepäck zum Fernbahnhof zu kommen und das Umsteigen unterwegs ist für sie auch nicht gerade ein Pappenstiel. Wollen wir nicht für sie beten, dass der Herr dieses Problem irgendwie löst?*«

Nach dem gemeinsamen Gebet ist die Bibelstunde aus und die Teilnehmer begeben sich langsam zu Tisch. Bevor das Essen beginnt, rufe ich noch kurz im Büro an. »*Habt ihr irgendetwas von Ilse gehört?*« – »*Aber ja,*« ist die Antwort, »*stell dir vor, was passiert ist! Sie hat gerade eben bei Mark angerufen, und während er mit ihr*

spricht, kommt ein anderer Anruf von Lisa auf die Leitung von Frank,
der sich ebenfalls im Büro von Mark befindet (was nicht allzu oft der
Fall ist). Und sie erkundigt sich, ob wir etwas von ihrer Mama gehört
haben, da sie sie offensichtlich am falschen Ausgang erwartet hat und
nun nicht weiß, wo sie zu finden ist.« Da brauchten die beiden Brüder nur noch die Telefone auf laut zu stellen, und Mutter und
Tochter, die sich an zwei weit voneinander liegenden Stellen im
selben Flughafen befanden, konnten über unser Büro miteinander sprechen und einen Treffpunkt vereinbaren, um dann gemeinsam die Heimreise per Auto anzutreten. Wäre Frank in seinem eigenen Büro gewesen oder wäre einer der beiden Anrufe
eine Minute später oder früher erfolgt, dann hätte die Verbindung nicht hergestellt werden können.

Und so erfahren die Geschwister unserer Freizeit bereits beim
Mittagessen, wie schnell der Herr auf unsere Gebete geantwortet
hat. Alles war wieder einmal wunderbar geplant und arrangiert
von unserem Gott, und unsere Geschwister sind nicht wenig ermuntert und erfreut, das Wirken Gottes auch in unseren Tagen
so hautnah miterleben zu können.

Kongo-Reise 2004 – oder: Wie die Visitenkarte des Ministers in meine Geldbörse gelangt

Diese Reise (wiederum zusammen mit Herbert Martin) ist die
Folge eines Briefwechsels mit dem Synodalpräsidenten des bereits öfters erwähnten Kirchenbundes, der in den 80er Jahren selber die Bibelkurse bei uns studiert hat und nun wünscht, dass
wir dieselben an allen protestantischen Oberschulen Kinshasas
einführen: 180 Oberschulen mit über einhunderttausend Schülern! Eine geradezu unglaubliche Gelegenheit, die zukünftige
Elite des Landes mit dem Evangelium zu erreichen!

Dieser Bruder hat uns nun eingeladen, eine dreitägige Pastorenkonferenz in der Hauptstadt durchzuführen und gleichzeitig
unsere Bibelkurse noch weiteren Kirchen und Gemeinden ›seines‹ Bundes bekanntzumachen.

Schon auf der Flugreise darf ich die gnädige Führung unseres treuen Herrn erfahren. Neben mir sitzt eine ältere Dame, die sich während der ganzen Reise angeregt mit ihrer Nachbarin zur Rechten unterhält. Gegen Ende des Fluges komme ich ebenfalls mit ihr ins Gespräch. Dabei stellt sich heraus, dass sie sich unter anderem um ein hörgeschädigtes Kind kümmert und nicht so recht weiß, wie sie in der rechten Weise vorgehen soll. Ich erzähle ihr daraufhin von dem Institut in Kinshasa, das Lehrer für Gehörlose ausbildet, und dessen Adresse sie sicher vom Erziehungsminister erfahren könnte. »*Aber, das ist ja mein Mann!*«, ist ihre Antwort. Nun ist das Erstaunen auf meiner Seite: »*Wie, Sie sind mit dem Erziehungsminister verheiratet? Dann sitzen Sie doch sozusagen an der Quelle!*« Nun, wir tauschen unsere Visitenkarten aus und sie ermuntert mich, doch bei nächster Gelegenheit ihren Mann kennenzulernen. Dazu ist es zwar aus Zeitgründen nicht mehr gekommen, aber als ich meinen Mitarbeitern später von diesem Treffen berichte, sind sie hellauf begeistert. Die Visitenkarte des Ministers wandert nun zu unserem Koordinator, der (mit freundlichen Grüßen von mir) diesen Minister demnächst aufsuchen wird. Seine Unterschrift dürfte für gewisse Vorhaben unseres Missionsdienstes von großem Nutzen sein …

Mitten im Aufruhr

Am Samstagvormittag geht's dann zum Mitarbeitertreffen in eine von Weißen wenig besuchte Gegend. Dabei geraten wir plötzlich in einen Pöbelauflauf, der uns eine Ahnung vermittelt von dem, was damals in Ruanda beim Völkermord vor sich ging. Es gibt für uns kein Ausweichen mehr, als die Menschenmasse auf uns los und dann an uns vorbeistürmt. Vermutlich hat der Herr ihnen die Augen gehalten, so dass sie uns Weiße in dem Auto nicht erkennen. Etwa eineinhalb Stunden später kommt die ganze Meute wieder zurück und strömt direkt an dem Haus vorbei, in dem wir das Mitarbeitertreffen abhalten. Aber auch hier bemerken sie nichts von unserer Anwesenheit. Als wir dann zurück nach Hause fahren, geraten wir noch in eine Straßensperre, die vermutlich von denselben Personen aufgebaut worden ist. Während sie beschäftigt sind, die zwei vor uns haltenden Wagen zu inspizieren, können wir unbemerkt von ihnen wenden und das Weite suchen. Auch nachts hören wir immer wieder Parolen aus der Ferne und das Geräusch einer aufgehetzten Menge, bleiben aber vor ernsten Belästigungen verschont.

Eine außergewöhnliche Konferenz

Uff, ist das eine Affenhitze! Nicht mehr zum Aushalten!! Der Schweiß läuft mir in Strömen von der Stirn und den Rücken hinunter. Wie soll ich mich da nur auf meinen Vortrag konzentrieren?! – Ich sitze in einem Konferenzsaal mitten in Nd'jamena, der Hauptstadt des Tschad. Es ist im Juni 2005, und die ›CO-PREAT 2005‹ hat mich eingeladen, an mehreren Tage zu etwa eintausend Pastoren und sonstigen ›hauptamtlichen‹ Reichsgottesarbeitern über biblische Prophetie mit dem Schwerpunkt ›Zukunft‹ zu sprechen. Der Saal ist bis auf den letzten Platz gefüllt. Einige Leute sitzen sogar auf dem Fußboden. Hinten im Saal eine kleine Gruppe im Kreis um einen Übersetzer, der die in Französisch gehaltenen Vorträge in den einheimischen Dialekt überträgt.

Neben mir befindet sich der Dekan der ›Evangelischen Theologischen Fakultät‹ von Bangui, der Hauptstadt der Zentralafrikanischen Republik. Er wird ergänzend einiges über die Pflichten und Vorrechte eines Pastors weitergeben – für mich äußerst aufschlussreich, einen Kenner aus dem ›Nähkästchen‹ plaudern zu hören! Auf der anderen Seite sitzt der Direktor des hiesigen theologischen Instituts, der mich zu diesem Treffen im Auftrag der tschadischen Kirchen eingeladen hat. Dazu werden sich in der Pause dann die Vertreter der einzelnen Kirchenbünde und Missionswerke gesellen. Sie sehen in diesem vom Krieg gebeutelten Land ihren Auftrag und wollen denen eine bleibende Hoffnung vermitteln, die nach menschlichem Ermessen wenig Aussicht haben, es in diesem Leben je zu irgendetwas Angenehmen und Lebenswerten zu bringen.

Doch wie ist es dazu gekommen, dass man ausgerechnet mich zu dieser alle fünf Jahre stattfinden nationalen Konferenz aller evangelikalen Kirchen und Gemeinden im Tschad eingeladen hat?

Nun, wir haben hier in Nd'jamena einen einheimischen Koordinator namens Bartholomy. Er hat diesen Dienst nach seinem Ingenieursstudium in Deutschland übernommen und hat einen ausgesprochen guten Draht zu den verschiedenen Kirchen und deren Vertretern. Als er von der Pastorenkonferenz erfuhr, die im Vorjahr in Kinshasa stattgefunden hatte, kam ihm der Gedanke, ob ein ähnlicher Einsatz nicht auch auf der diesjährigen Pastorenkonferenz im Tschad möglich sein könnte. Er erkundigte sich beim Vorbereitungskomitee und erfuhr, dass der Hauptredner für dieses Treffen noch nicht gefunden sei. So bot er sich an, bei mir anzufragen, ob ich für diesen Dienst in der betreffenden Zeit noch frei sei. Ich freute mich natürlich sehr über die Möglichkeit, so vielen ›Dienern am Wort‹ von der herrlichen Zukunft der Kinder Gottes zu erzählen. Mir war auch bewusst, dass das Gehörte anschließend in viele Gemeinden weitergegeben werden würde und sicher auch das Interesse an unseren Bibelkursen dadurch einen großen Aufschwung nehmen würde. Das hat sich im Nachhinein auch bestätigt!

Und so sitze ich nun hier und warte auf meinen ersten Einsatz. Die Luftzirkulation lässt zwar zu wünschen übrig, aber die erwartungsvollen Gesichter und die vielen Hände, die eifrig das Gehörte niederschreiben, lassen mich die klimatischen Strapazen vergessen und geben mir Kraft, nicht nur heute, sondern auch an den folgenden Tagen mit großer Freudigkeit meine geliebten schwarzen Brüder und Schwestern auf den wiederkommenden Herrn vorzubereiten. – Was mich besonders beeindruckt, ist die ernste und gleichzeitig doch fröhliche Atmosphäre der Zusammenkünfte. Keine ständigen ›Halleluja‹-Zwischenrufe, wenig Händeklatschen, kein Durcheinanderbeten … Ich frage mich selbst und schließlich auch die Veranstalter: »*Wie kommt es eigentlich, dass unsere Brüder aus den Pfingstgemeinden so ruhig sind?*« – »*Ganz einfach*«, ist die Antwort, »*es sind gar keine da!*« – Und dann erklären sie mir das Geheimnis: Im Tschad laufen die Konferenzen von Evangelikalen und Pfingstlern/Charismatikern getrennt ab. Man achtet sich zwar gegenseitig (mehr oder weniger), möchte aber doch nicht die besonderen Wesenszüge der jeweils anderen Gruppe in die eigenen Veranstaltungen mit einfließen lassen. Das ist eine Regelung, über die man, so meine ich, noch etwas mehr nachdenken sollte. Ich für meinen Teil werde auf jeden Fall diese Konferenz in allerbester Erinnerung behalten!

Kongoreise 21. – 28. Juni 2007
ENDE GUT – ALLES GUT

Zusammen mit Hartmut Schulte in den Kongo. Frühmorgens am 21.6. geht's los. Anne bringt uns zum Zug nach Au/Sieg. Um 5.30 Uhr ist Einschecken in Köln/Wahn. Der Flieger hebt pünktlich ab und bringt uns nach Amsterdam. Es soll dies der einzige planmäßige Flug werden …

Vorwärts, wir müssen zurück!
Der Hauptflug geht von Amsterdam mit KLM nach Johannesburg. 10 Stunden sind dafür vorgesehen. Es werden etwa 15, da 3 Minuten nach Abheben der Pilot merkt, dass etwas nicht OK ist. So müssen wir wieder zurück, können aber wegen zu großem Gewicht erst landen, nachdem genügend Treibstoff über der See abgelassen ist. Dazu benötigt der Pilot rund eineinhalb Stunden. Anschließend gut drei Stunden Reparatur, und auf geht's gen Süden.

Den Anschluss verpasst – oder: Flughafenmarathon
In Johannesburg müssen die Koffer neu eingecheckt werden, da wir die Fluggesellschaft wechseln. South African Airlines übernimmt die letzte Etappe. Um 7.25 Uhr ist Boarding Time. Wir haben noch etwas Zeit und genehmigen uns ein Frühstück. Und irgendwie sind wir beide doch etwas von der langen Reise müde geworden und haben vergessen, dass wir ja noch einmal

wieder durch die Passkontrolle und Leibesvisite müssen. Das fällt uns leider erst wieder ein, als wir uns in die Schlange einreihen und die Zeit immer knapper wird. Endlich sind wir durch, und im Laufschritt geht's zum Wartesaal von E13, so stand's wenigstens auf der Anzeige. Doch bei E9 ist Ende: eine Barriere verhindert alles weitere Vordringen in die vermeintlich richtige Richtung. Schnell wieder zurück. Vielleicht haben wir eine Abzweigung übersehen. Doch beim nächsten Knotenpunkt – nach etwa 300 Meter Dauerlauf, weist das Schild E13 wieder genau in die Richtung, aus der wir gerade gekommen sind. Kurz in die Nebengänge: doch keine andere Ausrichtung. Wir fragen nach in einem der Geschäfte: mittlerweile zeigt die Uhr bereits 10 vor 8, fünf Minuten vor Abflug. Und die überraschende Auskunft: der Flugsteig ist inzwischen geändert: jetzt findet der Abflug auf A29 statt, in der genau entgegengesetzten Richtung, etwa 10 Minuten Marsch. Wir schaffen es im Dauerlauf in drei Minuten, doch der Schalter ist bereits verwaist. Offensichtlich einer der ganz seltenen Flüge, die pünktlich über die Bühne gehen. Die Leute an den anderen Schaltern – in der Wartehalle sind 6 Schalter und Ausgänge zugänglich – zeigen sich wenig geneigt, einen kurzen Anruf zum Piloten zu tätigen, weil sie entweder nicht zuständig sind oder aber ihr Telefon gerade neu eingerichtet und noch nicht gebrauchsfähig ist. Man gibt mir den Rat, doch beim Transferschalter vorzusprechen. Vielleicht ist der Flieger ja immer noch am Boden … Also schnell die Riesentreppe hoch. Oben angekommen noch ein Blick zurück. Und was sehe ich: die Dame vom Flugschalter ist zurück. Dann also kehrt marsch! Treppe runter, durch die Menge hin zum Schalter. Die Dame ist zwar noch da. Aber zu spät: der Flieger ist schon in der Luft. ›Aber was macht's? Morgen fliegt der Nächste … ‹ So zumindest ihre Auskunft. Alles weitere dann am Transferschalter. Dort angekommen heißt die Auskunft: »Aber nein. Morgen fliegt niemand nach Lubumbashi. Der nächste Flug ist erst nächste Woche Montag!« Tja, da ist guter Rat teuer. Die Haupttreffen sind für Samstag und Sonntag geplant. Eine Ankunft in Lubumbashi erst am Montagabend ergibt wenig Sinn. Aber noch weniger der Rückflug zum jetzigen Zeitpunkt. Wieviel Geld hätten wir dann einfach verpulvert ohne irgendein Ergebnis …

Der Ausweg

Doch niemand am Transferschalter weiß einen Rat. Da fällt mir ein – und es ist sicher der HERR, der mir diesen Gedanken eingibt – dass ich beim Besuch von Marco in Sambia vor einigen Jahren in Ndola zwischengelandet war und dort gerade zu diesem Zeitpunkt auch eine größere Maschine landete: zwar aus Lusaka kommend, aber wer weiß, vielleicht gibt's ja auch eine Verbindung nach Johannesburg. Ich frage die Auskunft: und siehe da! Tatsächlich fliegt in nur zwei Stunden eine Maschine genau zu diesem besagten Ort. Die Einzige an diesem Tag, aber noch so früh, dass wir hoffen dürfen, auch noch eine Möglichkeit zur Weiterreise nach unserem Bestimmungsort zu finden. Und es sind auch noch zwei Plätze frei. – Doch zunächst muss erst einmal abgeklärt werden, inwieweit wir tatsächlich von dort noch weiterkommen können. Also schnellstens eine Nachricht an Ngoy, unseren Reisekoordinator in Lubumbashi, schicken. Doch wie? Die Telefonkarte von Hartmut's Handy funktioniert irgendwie nicht. Und woher eine andere nehmen? Hartmut macht sich auf die Suche, und ich selber sichere den Platz in der Schlange vor dem Schalter, wo man Flugtickets erstehen kann. Ich warte und warte, aber kein Hartmut kommt. Endlich, nach mehr als einer halben Stunde, erscheint er wieder auf der Bildfläche. Ja, Ngoy weiß jetzt Bescheid. Und er kennt auch eine Glaubensschwester, die Vizekonsulin des Kongo, zuständig für die Einreiseformalitäten in Ndola, die uns ihren Chauffeur zur Verfügung stellt, der für alles weitere sorgen wird … Jetzt kann gebucht werden, und mit neuen Flugtickets versehen kommen wir noch rechtzeitig zur Abflughalle. Und haben dort noch sehr viel Zeit, denn im Gegensatz zum verpassten Flug weist dieser wieder die übliche Verspätung auf!

Übers Land zur Grenze

Der Flug selber verläuft dann ohne nennenswerte Zwischenfälle, und in Ndola angekommen begrüßt uns auch der angekündigte Chauffeur. Doch bevor es weitergeht, muss er uns noch unbedingt das Auto seiner Chefin zeigen, das zwar im Moment nicht fahrbereit, aber in seinen Augen doch äußerst sehenswert zu sein scheint. Doch wir verlieren wertvolle Zeit ... Und dann geht's mit einem Taxi weiter. Er selber bleibt in Ndola zurück, will später nachkommen und hat uns deshalb einen anderen Wagen besorgt. Der Taximan weiß angeblich bestens Bescheid und wird uns wohlbehalten zur Grenze bringen, wo wir von Ngoy erwartet werden. Nach telefonischer Aussage desselben soll die Fahrt nicht mehr als eine Stunde in Anspruch nehmen. – Doch immerhin sind es mehr als 250 km, wie sich nach einigem Nachfragen herausstellt, und mit einem Rennkurs lässt sich die zwischendurch recht gut befahrbare Straße nun doch nicht vergleichen! Nun, wir kommen durch Kitwe und schließlich Chingola, wo die ›Offenen Brüder‹ ja eine recht beachtliche Druckerei besitzen.

Beinahe im Knast

Am Ortsausgang erkundigt sich unser Fahrer nach dem Weg zur Grenze. Das macht mich nun doch etwas stutzig und skeptisch im Hinblick auf seine angeblich so gründlichen Kenntnisse des noch vor uns liegenden Weges. Und richtig: kaum sind wir aus der Stadt heraus, da winkt uns auch schon ein Polizist an den Straßenrand. Unser Fahrer wirkt nun garnicht mehr selbstbewusst, sondern möchte sich förmlich verkriechen. ›Wo denn der Taxiführerschein sei und die erforderliche Registrierung als Taxi?‹ Eine rege Debatte beginnt. Der Polizist lässt nicht locker. Taxifahrten im Privatauto sind strengstens untersagt, und wenn wir mit diesem Gefährt weiterfahren, werden wir spätestens im nächsten Ort eingesperrt! Was tun? Er hat schon einen offiziellen Taximan angefordert, der auch kurze Zeit später auftaucht. Uns ist zwar nicht ganz wohl in der Haut, haben wir doch schon von ähnlichen Vorfällen gehört, wo als Polizisten verkleidete Banditen ihre ›Kunden‹ in einsame Gegenden chauffierten, um sie dort in aller Ruhe zu ›erleichtern‹. Doch macht uns dieser Polizist eigentlich nicht den Eindruck, zu dieser Art von Raubrittern zu gehören, außerdem findet die Kontrolle ja auch auf der belebten Hauptstraße unter großer Anteilnahme der Bevölkerung statt. Als dann noch unser Chauffeur behauptet, dass sein Fahrzeug einem Militärobersten gehört, derselbe aber auf telefonische Nachfrage den Mann überhaupt nicht kennen will, ist unser Entschluss gefasst. Während der Chauffeur zu seinem und auch unserem Leidwesen mit auf die Wache muss, laden wir um. Und wirklich, nach einer weiteren halben Stunde, vorbei an einer kilometerlangen Schlange von Lkws, die auf ihre Abfertigung warten, nähern wir uns der Grenze, wo uns Ngoy schon auf sambischem Boden entgegenkommt.

Am Grenzübergang
Kurze Begrüßung. Dann schnell weiter. Denn allzu lange ist die Grenze nicht mehr offen, und auch der Flieger in Lubumbashi, der Hartmut nach Kinshasa bringen soll, könnte ja mal pünktlich sein! Wir passieren relativ schnell die ersten Kontrollen, doch dann ist erst einmal Endstation. »*Die Impfung gegen Typhus ist ja schon längst verfallen*«, tönt es aus dem Kabäuschen, wo unsere Impfausweise geprüft werden. »*Das müssen wir jetzt aber schnellstens nachholen!*« Triumphierend schaut uns die Gesundheitsinspektorin an. Sie hält dabei das gelbe Impfheft von Hartmut in die Höhe, dem es zunächst vor Überraschung die Sprache verschlägt. Eine rege Diskussion schließt sich an, die ich hier nicht im Einzelnen wiedergeben möchte. Schließlich können wir die Dame überzeugen, dass Typhusimpfungen bereits seit Jahrzehnten nicht mehr gefordert werden. »*Aber sie sind doch nützlich!*« versucht sie es ein letztes Mal. Wir geben ihr Recht, machen aber deutlich, dass sie für uns nicht in Frage kommen. Widerwillig händigt sie uns die Ausweise aus und zieht beleidigt ab. Erleichtert lassen auch wir uns mit der Menge nach draußen spülen, wo uns verschiedene Mitarbeiter schon erwarten, die uns berichten, dass es keineswegs selbstverständlich ist, dass man als Weißer an dieser Grenzkontrolle so ungeschoren davonkommt …

Vom Rasen zum Rasten – noch ein verpasster Flug
Und dann rasen wir los, mit neuem Chauffeur und neuem Auto,

denn die Zeit läuft uns davon. Doch immer wieder werden wir aufgehalten, sind wir doch nicht die einzigen Reisenden auf dieser Straße. Vor allem die riesigen Trucks machen uns große Probleme. Ngoy telefoniert zum Flughafen. Kann der Flieger noch auf uns warten? Die Antwort ist nicht ganz klar und erübrigt sich dann auch im Lauf der Fahrt, weil einfach zu viel Zeit verloren geht durch den regen Verkehr und die auch nicht immer idealen Bodenverhältnisse. Aber am Sonntag soll es ja noch eine Möglichkeit der Weiterreise geben …

Am Zielort angekommen – die Mühe hat sich gelohnt!
Schließlich glückliche Ankunft bei Schwester Rose, bei der wir übernachten können und die in Zukunft auch einen Teil ihres Grundstücks uns zur Verfügung stellen will zur Unterbringung des Depots und eines kleinen Büros für die Emmausarbeit. Der ausgiebige Austausch mit ihr im Verlauf unseres Aufenthalts bringt manche neuen Erkenntnisse und Einsichten, und auch die vielen Einzelgespräche mit verschiedenen Verantwortungsträgern dürften nicht wenig hilfreich für den Fortgang unseres Missionsdienstes in diesem Teil des Kongo gewesen sein. Nicht zuletzt auch der Austausch mit den Koordinatoren der Südprovinz und mit dem für die gesamte Arbeit hier verantwortlichen Mitarbeiter, Bruder Ngoy Kakudji, lässt uns die bisherigen Strapazen schneller vergessen, sehen wir doch, wie wunderbar der HERR dieses Treffen in allen seinen Teilen bestens vorbereitet hat …
Am Samstagmorgen die Pastorenkonferenz, am Nachmittag kommen die Bibelschüler dazu, und am Sonntag endlich die Diplomverleihung, Jahreshöhepunkt für viele und ein Grund zum Feiern! Die großen Treffen finden alle in der Methodisten-hauptkirche statt, ein stattliches, zentral gelegenes Gebäude, allgemein bekannt und schon von weitem erkennbar an seiner markanten Bauweise. Nur meine Stimme macht noch nicht so richtig mit. So stellt man mir einen Übersetzer zur Verfügung, der nicht nur für die wenigen, die nicht Französisch verstehen, in das hier gesprochen Kongo-Suahili übersetzt, sondern auch mit seiner gewaltigen Stimme dafür sorgt, dass auch die letzten Schläfer rechtzeitig aufwachen …

Koffer gesucht!

Doch ein Problem ist noch nicht gelöst. Seit unserem verpassten Flug am vergangenen Freitag sind unsere beiden Koffer irgendwo auf der Strecke geblieben – und niemand weiß: wo? Ngoy und Hartmut waren bereits am Flughafen und haben sich überzeugt, dass sie dort jedenfalls nicht angekommen sind. So wird reklamiert und auf deren Empfang am folgenden Montag gehofft. Aber auch dann von ihnen keine Spur – für Monsieur Freddy, den zuständigen ›Kofferexperten‹, unerklärlich. Hat er wirklich die schriftliche Reklamation nach Johannesburg gefaxt? Oder nur das Geld dafür eingesackt? Wir werden es wohl nie erfahren! So sprechen Ngoy und ich noch einmal im Zentralbüro der South African Airline in Lubumbashi vor und stoßen auf ein ungemein motiviertes und kooperationswilliges Team: von 5 anwesenden Angestellten sitzen drei lediglich auf ihren Stühlen und schauen in die Gegend. Die vierte ist mit ihrem Computer beschäftigt, aber vermittelt nicht den Eindruck, dass sie etwas Ernsthaftes leistet. Die fünfte schließlich, die sich unser annimmt, hört sich den von Ngoy vorgetragenen Bericht mehr oder weniger gelangweilt an und verschwindet anschließend zur Kontaktaufnahme hinter eine spanische Wand. Und wir warten und warten. Aber die Dame bleibt verschwunden … oder vielleicht doch nicht? Nach etwa 20 Minuten Wartezeit schaue ich mich etwas genauer im Laden um. »*Sieh mal dahinten!*« ich stoße Ngoy in die Seite. »*Ist das nicht unsere Dame von vorhin?*« Tatsächlich, da sitzt sie in der hintersten Ecke und zählt mit Hingebung ein Geldpaket durch. Dass wir auf ihre Nachricht warten scheint sie wenig zu interessieren. Es stellt sich heraus, dass sie auch noch garnicht telefoniert hat. Warum denn auch sich solche Mühe machen wegen ein paar Koffern? Tja, irgendwann greift sie dann doch zum Hörer und erfreut uns dann mit der Neuigkeit, dass die Koffer ja falsch etikettiert seien und nicht hier in Lubumbashi sein könnten, sondern vielmehr in Ndola auf ihre Abholung warteten. Wir wären ja schließlich nach dorthin geflogen und unsere Koffer wohl auch! Es dauert eine geraume Zeit bis sie versteht, dass das sicher nicht die Lösung unseres Problems ist, steht doch klar und deutlich auf unserem Gepäckschein: Lubumbashi und nicht Ndola. ›*Nun, dann kann man eben nichts machen und nur hoffen, dass sie irgendwann doch noch wieder auftauchen!*‹ Ein Anruf in Johannesburg hätte sicher alles wesentlich schneller klären können, aber dazu war unsere Dame aus einem uns unerfindlichen Grund nicht zu bewegen. So bleibt uns nichts anderes übrig, als noch einmal mit Monsieur Freddy Kontakt aufzunehmen und ihm den Vorschlag zu machen, dass, sollten die Koffer doch noch geliefert werden – es kommt jetzt nur noch die Maschine in Frage, die am Mittwochmorgen von Johannesburg kommend uns dann wieder zurück nach dort mitnehmen soll – dass wir sie noch auf der Rollbahn abfangen, die für unsere Mitarbeiter bestimmten Sachen herausnehmen und dann anschließend sofort wieder ins selbe Flugzeug zurückbefördern können. Er scheint für diesen Plan zu haben zu sein, und wir sind gespannt, ob es klappen wird.

Am Dienstagabend kommt Hartmut von seinem Kinshasatrip wohlbehalten zurück, glücklich und dankbar, dass alle anstehenden Arbeiten ausgeführt werden konnten und der Dienst unserer Mitarbeiter unter der Anleitung von Herbert Martin offensichtlich vom Herrn reichlich gesegnet wird. Und am Mittwochmorgen geht's dann zurück in die Heimat. Ob es diesmal ruhiger über die Bühne gehen wird?

Ein Weg mit Hindernissen – zurück in die Heimat
Zunächst sieht es nicht danach aus. Die Zufahrtsstraße zum Flughafen ist total verstopft. Wir versuchen es über einen Umweg. Aber da hatten wohl viele dieselbe Idee. Alles zu. Und wieder läuft uns die Zeit davon! Doch dann ist die Straße frei, und schnell sind wir am Ziel. – Und dann beginnt das Warten. Immer neue Zeiten werden für die Ankunft der Maschine ausgegeben. Stunde um Stunde vergeht und Gerüchte machen die Runde. Man will uns glauben machen, dass der Flieger nicht direkt von Johannesburg kommt, sondern einen Umweg über Kinshasa gemacht hat und auch noch in Mbuji-Mayi zwischenlanden soll. Das erklärt natürlich die inzwischen auf vier Stunden angewachsene Verspätung einigermaßen. Misstrauisch macht uns diese Nachricht trotzdem, denn noch niemals haben

wir gehört, dass diese Fluglinie Mbuji-Mayi anfliegt. Schließlich kommt die Wahrheit ans Licht: in Johannesburg gab's am Morgen einen heftigen Schneesturm, der den Flugbetrieb zeitweilig völlig lahmlegte, sodass unsere Maschine erst mit fünfstündiger Verspätung starten konnte: genau die Zeit, die ursprünglich für den Aufenthalt in Johannesburg eingeplant war. Es wird also wieder kritisch werden! – Die Zeit des Wartens wird angenehm verkürzt durch etliche Flughafenangestellte, die uns aufsuchen und sich als Emmaus-Bibelschüler vorstellen. Immer wieder staunen wir über die Verbreitung unserer Kurse und freuen uns über manchen ermunternden Bericht, wie das Studium dieser Kurse Leben verändert und echte Hilfe in der Nachfolge Christi bietet.

Ein 5-Minuten-Kofferrendezvous

Endlich kommt die Maschine an. Das Gepäck wird ausgeladen, und richtig, ganz hinten leuchtet schon mein roter Koffer, und auch die Reisetasche von Hartmut wird gefunden. Wie geplant steht Freddy an der Landebahn und lässt beide Gepäckstücke aussortieren. Wir nehmen die für unsere Mitarbeiter gedachten Sachen heraus, die Koffer werden umetikettiert und als Letzte besteigen wir noch rechtzeitig den Flieger, der sich sofort in Bewegung setzt. Falls es keine nochmalige Unterbrechung gibt, könnte es gerade noch klappen. In Johannesburg angekommen landen wir ohne Probleme, und im Eilschritt geht's zum Transferschalter. Noch 35 Minuten bis zum Abflug der Air-France-Maschine. Doch welch eine Überraschung: die Boarding-Time ist angeblich schon abgeschlossen. Weitere Passagiere werden nicht mehr zugelassen. Zusätzliche Auskünfte nebenan am Schalter der South-African-Airlines, von der Hinreise bereits zur Genüge bekannt. Air-France kann auf jeden Fall nichts mehr machen. Außer vielleicht einen Platz im nächsten Flug besorgen: vier Stunden später, aber leider bereits ausgebucht. Doch auf die Warteliste könnte man uns ja noch setzen ...

Warten, warten, warten ...

Und so warten wir Stunde um Stunde. Die vier Angestellten

am Schalter, zwei Damen und zwei Herren, haben offensichtlich sehr viel Zeit. Einer von ihnen, der mit der weißen Hautfarbe, ist lediglich damit beschäftigt ist, besorgte Reisende an die übrigen drei zur weiteren ›Behandlung‹ weiterzureichen. Alle zusammen haben offenbar auch einen großen Bedarf an zwischen-menschlichen Kontakten, der ihnen kaum Zeit zur eigentlichen Arbeit lässt! Von Zeit zu Zeit nehmen sie unsere Flugtickets in die Hand, lassen sie von Person zu Person wandern, tippen ab und zu etwas in den Computer, um dann mit runden, erstaunten Augen das Ergebnis dort zu betrachten. Aber offensichtlich gibt es keine großen Fortschritte, was das Setzen auf die Warteliste angeht. Schließlich, nach rund 2 Stunden dieses aufregenden Spiels erbarmt sich die letzte noch übriggebliebene Dame von nebenan (dem uns bereits bekannten Schalter der South ...) und versucht, den anderen drei zu erklären, wie man eine solche Buchung vornimmt. Darüber kommt eine andere Dame dazu, die nun wohl über den Vorgang bestens Bescheid weiß, wie man der freundlichen Aushilfe bedeutet. Und richtig, sie nimmt auch die Tickets fachmännisch in die Hand, stellt aber dabei fest, dass man einen solch schwierigen Fall nicht mit dreckigen Fingernägeln lösen kann, die also zunächst einer gründlichen Säuberung unterzogen werden. Darauf, nach rund 20 Minuten, ein zweiter Anlauf. Doch da schellt gerade das Telefon. Nach erfolgtem Telefonat sind die Tickets wieder vergessen ...

In letzter Sekunde ...
Die Außentemperatur ist hier in der Halle noch recht angenehm, aber innen in mir fängt es allmählich an zu kochen. Wie lange soll das wohl noch so weitergehen? Die oben erwähnte freundliche Dame von nebenan macht noch einmal einen Versuch, um uns aus dieser misslichen Lage zu befreien. Dieses Mal mobilisiert sie die Leiterin der gesamten Abteilung, die dann auch tatsächlich erscheint und mit einigen wenigen Eingaben in den Computer die Registrierung vornimmt – sehr zum Erstaunen der vier, dass das alles so schnell vonstatten gehen kann ... Nun sind wir also auch auf der Warteliste, doch, wie sich spä-

ter herausstellen wird, an der allerletzten Stelle. Und das verheißt bei rund 10 Anwärtern nichts Gutes ... Die Uhr rückt ständig weiter vor. Um 22.30 Uhr soll eine andere Dame erscheinen, um uns mitzuteilen, wer nun endgültig mitfliegen darf. Die anderen können dann nur hoffen, in der am nächsten Abend fliegenden Maschine noch einen Platz zu finden! Doch die Dame erscheint nicht. Unruhe macht sich langsam breit. Wir wissen ja mittlerweile, wie früh die Boardingtime zu Ende sein kann. Und bis zum Abflug sind es jetzt auch nur noch 55 Minuten ...

Der zweite Mann des Transferteams wird plötzlich munter. Da die versprochene Dame nicht erscheint, macht er sich nun selber auf die Socken, um die Liste zu besorgen. Er verspricht, schnellstens zurück zu sein, aber auch 25 Minuten können manchmal recht lang erscheinen ... Tatsächlich, er ist wieder zurück – es wurde befürchtet, dass er vielleicht bereits Feierabend gemacht hätte! – und verkündigt fröhlich, dass zwar die meisten, aber nicht alle noch einen Platz bekommen hätten. Und braucht weitere 10 Minuten, bis er schließlich auch unsere Tickets nach längerem Suchen unter dem Pult hervorholt. Die fröhliche Bemerkung von vorhin war glücklicherweise nur ein Scherz gewesen! – Die andern sind schon längst verschwunden. Wird es noch reichen? Schnell durch die Leibesvisite und dann im Laufschritt die Treppe hoch, Hartmut voran, ich keuchend hinterher. Da ist der Wartesaal. Tatsächlich, einige sind noch nicht durch. Und erleichtert lassen wir uns auf unseren Sitzen nieder und freuen uns, nach einer turbulenten Reise wieder die Heimat begrüßen zu dürfen. – Und vier Tage später steht auch mein roter Koffer wieder vor der Tür ...

PS: trotz aller Turbulenzen betrug die Verspätung auf der Hin- und Rückreise jeweils nur 7 Stunden und alle Vorhaben konnten verwirklicht werden. *Dem Herrn sei Lob und Dank!*

Die Ewigkeit in ihren Herzen ...

Nun folgt noch ein Erlebnis, das sich mir besonders tief ins Herz eingravieren sollte. Wir sind wieder einmal mit Bibeln unterwegs auf den verschiedenen Märkten. Und dann machen wir einen Umweg über eine Piste in ein Gebiet, in das angeblich noch kein Weißer gekommen ist. In einem ganz entlegenen Dorf lädt uns der Häuptling zu sich ein. Wir betreten seine Hütte, und er fragt nach unserem Anliegen. So erzähle ich ihm von dem Gott, der die Menschen so liebt, dass Er Seinen einzigen Sohn für sie in den Tod gegeben hat.

Der Häuptling ist ganz Ohr. Er hängt mir an den Lippen (bzw. an den Lippen meines Übersetzers). Er scheint jedes Wort nur so in sich hineinzusaugen. Als ich endige, sagt er uns folgendes:

»Weißer Mann, was du da sagst, wissen wir schon lange. Schon mein Vater, und der Vater meines Vaters, und der Vater des Vaters meines Vaters haben es uns gesagt, dass es einen unsichtbaren Gott gibt, der uns liebhat. All die Götzen, die du hier siehst, haben nur eins im Sinn: uns zu bedrängen, uns Böses zu tun. Wir opfern ihnen, um sie zu besänftigen. Aber wir sind niemals sicher, ob es genügt! Dieser unsichtbare Gott, der uns liebhat, wir beten auch zu ihm. Aber wir kennen ihn nicht. Und dass er uns so liebhat, dass er seinen Sohn für uns geopfert hat, das hören wir heute zum ersten Mal. Sag, weißer Mann, wie lange wisst ihr denn schon davon?« – Ich muss ihm bekennen, dass wir schon sehr, sehr lange davon wissen. *»Und dann kommst du erst jetzt, um uns diese Botschaft zu bringen?!«*

Mich hat diese Frage nie mehr losgelassen. Und sie erinnert mich an ein Buch, das ich vor langer Zeit las und immer wieder lesen musste: *»Glühende Retterliebe«* von Oswald Smith, wo dieser Bruder die provozierende Frage stellt: *»Ist es recht, dass vielen Menschen immer wieder das Evangelium gepredigt wird, die es garnicht mehr hören wollen, während ein Großteil der Menschheit es noch nicht zum ersten Mal gehört hat?«*

Auch der Apostel Paulus war aus diesem Holz geschnitzt, wenn er schreibt: *»Daher beeifere ich mich also, das Evangelium zu predigen, nicht da, wo Christus genannt worden ist, damit ich nicht auf eines anderen Grund baue; sondern wie geschrieben steht: Denen nicht von ihm verkündigt wurde, die sollen sehen, und die nicht gehört haben, sollen verstehen.«* (Röm 15,20.21)

Wollen wir nicht vermehrt den Herrn der Ernte bitten, uns die von Ihm geöffneten Türen zu zeigen? Wollen wir nicht dorthin gehen, wo Menschen von Ihm zubereitet sind, wo noch Hunger nach dem lebendigen Brot und Durst auf das lebendige Wasser vorhanden ist? Wo Menschen darum ringen: ›*Wie finde ich einen gnädigen Gott? Wie kann ich vor dem bestehen, dessen Augen wie eine Feuerflamme sind und der zu heilig ist, um Sünde zu sehen?*‹ Sind wir uns noch bewusst, dass wir die herrlichste Botschaft der Welt weiterzusagen haben, und auch die einzige, die Sünder selig machen kann?

Und wenn wir schweigen, wer wird ihnen die Botschaft bringen? Ja, wahrlich: »*Schweigen wir, so wird uns Schuld treffen!*« *(2 Kön 7,9).* So riefen einst die vier Aussätzigen, nachdem sie das ausgehungerte Samaria verlassen und das zurückgelassene Lager der Syrer gefunden hatten mit all den Lebensmitteln, die zum Überleben notwendig waren. Sie konnten diese Nachricht nicht für sich allein behalten. Ja, möchte es auch uns so gehen wie den Aposteln, als sie vor dem Hohen Rat der Juden standen und bedroht wurden, doch ja nicht mehr von diesem Jesus zu reden. »*Es ist uns unmöglich, von dem nicht zu reden, was wir erlebt haben!*«, war ihre Antwort. – Und wir?!

Nachwort

Soweit mein Bericht. Ich hoffe, er macht dem Leser Mut, in jeder Situation seine ganze Hoffnung und Zuversicht auf DEN zu setzen, der verheißen hat, niemals den zu verlassen, der sich auf IHN verlässt!

ER ist treu und hält, was Er verspricht! Und Sein Eingreifen in unser persönliches Leben dürfen wir nicht nur in fernen Ländern, sondern auch in unserem Alltag, zu Hause, in der Schule, im Beruf oder in unserer Freizeit auf mannigfaltige Art und Weise erleben. Oder auch auf einer Reise, wie sie gerade von mir beschrieben wurde, die jeder von uns hätte machen können.

Vielleicht sollten wir wieder ganz neu unseren Herrn bitten, uns die Augen zu öffnen für die vielen oft von uns unbemerkten Eingriffe in unser Leben, damit wir wieder anfangen, IHN mehr und mehr auf unseren Wegen zu erkennen. Das wird dann auch zu größerer Dankbarkeit führen und den Wunsch in uns wecken, doch von diesem wunderbaren Herrn auch solchen zu erzählen, die IHN noch nicht kennen. Und nicht zuletzt wird die Sehnsucht in uns geweckt auf diesen wunderbaren Augenblick, **wenn wir IHN sehen, wie ER ist** (1Joh 3)

Wenn dazu diese kleinen Erlebnisse etwas beigetragen haben, dann hat dieses Büchlein seinen Zweck erfüllt.

Anhang: HEILSGEWISSHEIT –
Einbildung oder Wirklichkeit?

Frage: Gibt es überhaupt Heilsgewissheit, und wenn ja: Woran erkenne ich, dass ich gerettet bin?

Antwort: Ja, es gibt Heilsgewissheit und ebenfalls klare Erkennungszeichen, aus denen wir schließen dürfen, dass wir gerettet sind, denn:

- Gott will nicht, dass sich seine Kinder ständig sorgen und grämen, sondern er möchte, dass sie sich von Herzen an seiner Liebe freuen können (1Joh 1,4); und:
- Gott macht uns deutlich, dass Seine Geschenke von Dauer sind (1Joh 3,9: » ... *sein Same bleibt in ihm*")

Gott selber gibt uns in seinem Wort fünf deutliche Erkennungszeichen für die Echtheit der Wiedergeburt, und weil Ihm dies so überaus wichtig ist, hat Er den Apostel Johannes beauftragt, speziell zu diesem Thema einen ganzen Brief zu schreiben: den ersten Brief des Johannes. Dort fasst Johannes zusammen:

»Dies habe ich euch geschrieben, damit ihr wisst, dass ihr ewiges Leben habt, die ihr an den Namen des Sohnes Gottes glaubt.« (1Joh 5,13)

Was ist nun der Inhalt seiner Botschaft? Dass jeder, der folgende fünf Erkennungszeichen in seinem Leben findet, sich von Herzen freuen (Kap 1,4) und seines Heils völlig gewiss sein darf (Kap 5,13).

1. Erkennungszeichen: Vertrauen in die Heilige Schrift

»Was von Anfang an war, was wir gehört, was wir mit unseren Augen gesehen, was wir angeschaut und unsere Hände betastet haben vom Wort des Lebens ... was wir gesehen und gehört haben, verkündigen wir auch euch, damit auch ihr mit uns Gemeinschaft habt; und zwar ist unsere Gemeinschaft mit dem Vater und mit seinem Sohne Jesus Christus.« (Kap 1,1-4)

Die Bibel ist kein Märchenbuch, nicht voller Legenden und Fabeln, wie die moderne Theologie das oft behauptet, sondern ein Tatsachenbuch. Sie ist absolut zuverlässig und irrtumslos in allen ihren Aussagen. Die ganze Bibel ist Gottes Wort, und daher verdient sie unser Vertrauen. Nur derjenige kann sich von Herzen über seine Errettung freuen, der sich auf die entsprechenden Aussagen der Bibel stützt und nicht auf sein Gefühl oder seine augenblickliche Stimmung.

2. Erkennungszeichen: Rechte Selbsterkenntnis und tägliches Selbstgericht

»Wenn wir sagen, dass wir

- *Gemeinschaft mit ihm haben, und wandeln in der Finsternis, lügen wir (Kap 1,6)*
- *keine Sünde haben, betrügen wir uns selbst (Kap 1,8)*
- *nicht gesündigt haben, machen wir ihn zum Lügner (Kap 1,10)«*

Die Wiedergeburt führt zur rechten Selbsterkenntnis. Gott hat uns zwar eine neue Natur geschenkt, aber die alte, sündige Natur wohnt noch in uns und verleitet uns immer wieder zum Sündigen. Der Wandel im Licht (Kap 1,7) besteht nicht darin, dass wir unsere Sünde leugnen, sondern dass wir sie **er**kennen, **be**kennen und dann im Glauben die Vergebung und Reinigung in Anspruch nehmen, denn: *»Wenn wir unsere Sünden bekennen, ist Er treu und gerecht, dass Er unsere Sünden vergibt und uns reinigt von jeder Ungerechtigkeit.«* (Kap 1,9)

3. Erkennungszeichen: Gehorsam gegenüber den Geboten Gottes

»Und hieran erkennen wir, dass wir Ihn erkannt haben: wenn wir seine Gebote halten. Wer sagt: Ich habe ihn erkannt, und hält seine Gebote nicht, ist ein Lügner, und in dem ist nicht die Wahrheit.« *(Kap 2,3.4)*

Als wiedergeborener Christ habe ich nur noch einen großen Wunsch in meinem Leben: meinem Vater im Himmel zu gefallen, der aus Liebe zu mir verlorenem Sünder seinen eingeborenen Sohn für mich gegeben hat, damit ich durch den Glauben an ihn ewiges Leben habe (Joh 3,16). Und die wahre Liebe zeigt sich im Halten Seiner Gebote. *»Wer meine Gebote hat und sie hält, der ist es, der mich liebt«*, hatte unser Herr schon seinen Jüngern gesagt (Joh 14,21). In der Liebe zum Wort Gottes und im Gehorsam Seinen Geboten gegenüber zeigt sich, ob ich wirklich neues

Leben bekommen habe und wirklich Grund habe, mich meines Heils zu erfreuen.

4. Erkennungszeichen: Die Liebe zu allen Kindern Gottes

»Wir wissen, dass wir aus dem Tod in das Leben hinübergegangen sind, weil wir die Brüder lieben; wer nicht liebt, bleibt im Tod.« (Kap 3,14)

Dieses besondere Merkmal wird von Johannes an vielen Stellen in seinem Brief erwähnt und an konkreten Beispielen deutlich gemacht. So weist er darauf hin, dass echte Bruderliebe nicht untätig bleibt, wenn der Bruder Mangel leidet (Kap 3,17), ja, dass sie sogar so weit geht, für den Bruder zu sterben (Kap 3,16), so wie Christus auch für uns sein Leben geopfert hat. Sehr klar wird, dass wahre Bruderliebe niemals im Gegensatz steht zur Gottesliebe und dem Gehorsam den göttlichen Geboten gegenüber (Kap 5,2). Der Zusammenhang macht auch deutlich, dass Bruderliebe sich nicht nur auf die Mitglieder einer bestimmten Gemeinderichtung, einer Konfession oder Kirche beschränkt, sondern alle Kinder Gottes einschließt. Wer Gott liebt, liebt auch seinen Bruder bzw. Schwester und tut ihnen Gutes, so wie er Gelegenheit dazu findet.

5. Erkennungszeichen: Die Welt überwinden

»Denn alles, was aus Gott geboren ist, überwindet die Welt; und dies ist der Sieg, der die Welt überwunden hat: unser Glaube. Wer ist es, der die Welt überwindet, wenn nicht der, der glaubt, dass Jesus der Sohn Gottes ist?« (Kap 5,4.5)

Als Kind Gottes kann ich auf die Verlockungen und Vergnügungen dieser Welt verzichten, weil ich eine bessere und größere Freude habe und einen Schatz im Herzen, dem nichts in dieser Welt vergleichbar wäre. Ja, es stimmt, was jemand einmal folgendermaßen formulierte: *»Wenn du Jesus hast, hast du alles, auch wenn du nichts besäßest. Aber wenn du Jesus nicht hast, fehlt dir alles, auch wenn die ganze Welt dir gehörte.«* Als wiedergeborener Christ muss ich nicht mehr unbedingt denselben Lebensstandard haben wie meine Umgebung, sondern kann um Christi willen auf vieles verzichten und einen bescheidenen Lebensstil entwickeln, um die dadurch freiwerdenden finanziellen

Mitteln dem Bau Seines Reiches zur Verfügung zu stellen. Nicht die Welt, sondern Christus selber ist mein Maßstab, und meine ständige Frage lautet nun: »*Was würde Jesus dazu sagen?*«, oder: »*Wie würde Er jetzt an meiner Stelle handeln?*«

Zusammenfassend können wir also feststellen:
Die Echtheit der Wiedergeburt zeigt sich in einem völlig neuem Verhalten, und zwar in fünffacher Hinsicht:

1. im Hinblick auf **Gottes Wort** (die Bibel ist Gottes Wort, absolut zuverlässig, ohne Irrtum oder Widerspruch);
2. im Hinblick auf **mich selbst** (Erkennen und Bekennen meiner Sünde, tägliches Selbstgericht);
3. im Hinblick auf die **Gebote Gottes** (Wille, Gott in allem zu gehorchen);
4. im Hinblick auf die **Kinder Gottes** (Liebe zu allen Gotteskindern, nicht nur zur eigenen ›Konfession‹);
5. im Hinblick auf die **Welt** (Überwinden der Welt und ihrer Lust).

Die von M. Vedder 1976 gegründete
ZENTRALAFRIKA-MISSION arbeitet in über 80 Ländern.
In rund 1300 Bibelcentern sind zur Zeit
etwa 3000 Mitarbeiter tätig (Stand 2008)

Für Christen, die uns in ihre Fürbitte mit einschließen wollen,
empfehlen wir unsere Spezialausgabe
(zum 30-jährigen Bestehen)

ZAM 30 – Sein Auftrag – Unser Dienst

und die monatlichen E-Mail-Gebetsnachrichten, denn

**›das Gebet eines Gerechten vermag viel,
wenn es ernstlich ist‹!**

Anfragen bitte an folgende Adresse:

**Zentralafrika-Mission
Holpener Straße 1
51597 Morsbach**

Telefon: 0 22 94 - 18 07